中国式绩效管理系列丛书

人为什么不够用

基于元岗位的定岗定编定员方法

卢锐军 著

中国石化出版社
·北京·

内 容 摘 要

本书以“如何提高组织人力资源效能”为着眼点，以情景对话的方式，讲述定岗、定编和定员的实战技巧。提出大岗位、元岗位、冰箱理论等创新理念，对于企事业单位如何合理地规划人员配置，如何让现有的人员发挥更大的效能，如何通过干部人事制度改革、劳动用工制度改革激发中层干部和员工的活力等，具有很大的参考价值。

本书作者是人力资源实战派专家，为众多知名企事业单位提供绩效管理培训和咨询服务。本书适合各级中高级管理者、人力资源从业人员学习和参考。

图书在版编目（CIP）数据

人为什么不够用？：基于元岗位的定岗定编定员方法 / 卢锐军著. — 北京：中国石化出版社，2024.6.（2026.1 重印）
ISBN 978-7-5114-7572-5

Ⅰ. D630.3

中国国家版本馆 CIP 数据核字第 2024N9C714 号

中国石化出版社出版发行
地址：北京市东城区安定门外大街58号
邮编：100011 电话：（010）57512500
发行部电话：（010）57512575
http://www.sinopec-press.com
E-mail：press@sinopec.com
天津嘉恒印务有限公司印刷
全国各地新华书店经销
*
710 毫米 ×1000 毫米 16 开本 12 印张 194 千字
2024 年 6 月第 1 版 2026 年 1 月第 5 次印刷
定价：58.00 元

序 言

第三本书终于来了！

感谢前两本书读者的催更，千呼万唤始出来。新冠肺炎疫情过后，授课量多了很多，只能利用在飞机、高铁上的闲暇时间见缝插针。刚过去的“五一”假期，集中写作，效率很高，终于完稿！

至此，三部曲画上了圆满的句号。

第一本书写绩效管理（Performance），第二本书写薪酬分配（Payment），本书写岗位管理（Position），人力资源管理的3P核心模块就此也完整啦。

这本书聚焦如何提升人力资源效能，从“三定”：定岗、定编、定员展开。本书中描写的很多痛点可能是您关注的：比如，组织的人为什么会越来越多？职能部门如何定岗、定编？干部如何实现能上能下，员工出不去怎么办？等等。本书也提出了大岗位、元岗位、干部能左能右、冰箱理论等创新概念，相信会让您对岗位管理有一些新的认识。

本书延续前两本书的人物关系，继续以情景对话的方式，聚焦企业、银行、医院等企事业定岗、定编和定员的难题。由于认知上的局限性，有些观点可能未必完全正确，欢迎大家批评指正！

感谢高岩、马传涛、孙军辉、常冬梅、杨柳、曹茂清、洪文斌、赖慧芳、宋彬参与本书的校稿或润色工作。

感谢中国石化出版社的王瑾瑜老师以及编辑、发行团队的老师们，大家齐心协力，让中国式绩效管理系列丛书三部曲圆满完成。

最后特别感谢我的学员和读者，大家对我课程和书籍的赞赏，激励我一直前行！

卢锐军

2024年5月20日，深圳

故事说明

这是一个关于如何提高组织人员效能的故事。

现在很多单位领导和人力资源部门的烦恼是：一方面各个部门都说人不够用，纷纷申请要加人；另一方面，单位的人均效能并不高，人力成本却很高！

如何合理地规划人员配置？如何让现有的人发挥更大的效能？如何通过干部人事制度改革和劳动用工制度改革激发中层干部和员工的活力？

让我们沿着书中人物关于定岗、定编和定员的困惑，在人力资源管理实战专家的辅导下，去探寻提高人均效能的秘诀！

专家介绍

卢锐军：人力资源管理实战派专家。现任深圳市力鼎管理顾问有限公司董事长、51医管研究院院长；曾任中兴通讯薪酬部部长、招聘部部长。卢老师从事人力资源管理工作27年，担任众多知名企业、行政事业单位的人力资源管理顾问。卢老师提出的人力资源天平理论和“和而不同”的中国式绩效管理理念在业界广受赞誉！

单位介绍

（以下组织和人物为作者虚构，如有重名，纯属巧合，敬请谅解！）

糖人通讯：国内知名的通信设备与解决方案提供商，国有企业，在海内外均设有分支机构。

糖心俱乐部：糖人通讯旗下面向客户的会员俱乐部，会员都是糖人通讯的客户——企事业单位的管理者。

某市城商银行：糖人通讯的客户，本地城市商业银行。

某市人民医院：糖人通讯的客户，本地三甲综合医院。

华夏大学：糖人通讯的客户，本地的一本大学。

人物介绍

王亚洲：糖人通讯副总经理，分管人力资源管理工作。

李一飞：糖人通讯大客户部经理，糖心俱乐部负责人。

马清波：糖人通讯人力资源部经理。

冯莉莉：某市城商银行总行人力资源部总经理。

秦晓芳：某市人民医院人事科主任。

孙鹏程：华夏大学人事处处长。

前 传

故事导入

今年是一个暖冬，虽是12月上旬，丝毫没有冬天的气息。

时隔大半年，卢老师再次受邀来到糖人通讯，准备开启第三个主题的辅导活动。

糖人通讯大客户部经理李一飞和人力资源部经理马清波，在糖人通讯大厦一楼的糖心俱乐部门口，迎接卢老师。

李一飞：卢老师好！非常高兴再次见到您，欢迎您再次来到糖人通讯！去年的绩效辅导会和今年上半年的薪酬分配辅导会，对我帮助太大啦！特别感谢您！

卢老师：李经理好！我们又见面啦。去年的绩效辅导会你绝对是积极分子。今年上半年的薪酬辅导会，我印象中你逃了好几次课，怎么对你帮助很大呀？

马清波：卢老师好！终于将您盼来啦！我知道李经理说对他有帮助的原因。上半年的薪酬辅导会，李经理虽然因为出差缺席了几次辅导，但是李经理邀请了很多他们大客户的相关领导来参加。辅导会结束后，很多与会的大客户的领导评价很高，所以李经理特别有面子。

李一飞：可不是嘛！以前我们做大客户服务，以为只要公司产品好、跟客户关系处好，就能为公司带来价值。结果发现，赋能客户、跟客户一起成长，反而是更长久的待“客”之道！有一个说法：陪伴是最长情的告白。我认为与客户相处，也应该如此。

马清波

李经理不愧是卢老师辅导过的“高徒”，现在认知高度明显提升了很多。以前他对我们人力资源部的很多政策有诸多“抱怨”，一开会“放炮”最多的就是他。结果这两场辅导会下来，李经理成为我们公司对人力资源管理工作最重视的部门管理者啦。

李一飞

那是必须的。我以前认为人力资源部就是公司内部的一个支持保障部门，没想到人力资源部可以为我们市场营销和客户服务带来这么大的帮助。特别感谢卢老师的鼎力支持，也感谢马经理在辅导会的现场主持！

卢老师

李经理客气啦！通过这两场辅导会，也让我认识了很多新朋友，给我们机构带来了不少商机。我还要感谢李经理呢！

李一飞

应该的，互惠互利嘛！主要还是卢老师分享的内容干货很多、赢得了大家的信任。这次又要来麻烦您进行第三场辅导会。本来这场辅导会是计划到明年初开始的，可是很多客户纷纷提出来希望提前，所以又要请卢老师出马啦！

马清波

李经理说得没错！这次辅导会提前了，一方面是客户的期望；另一方面，年底我们很多单位要做明年的人力资源规划。这次辅导的主题是岗位管理，涉及定岗、定编和定员，所以这次辅导会就提前到了今年年底。感谢卢老师大力支持，还专门为我们调整了您的行程计划。

卢老师

李经理和马经理说的我完全理解，你们的考虑很周全。一切以客户为中心！那我们就直接开始吧！

李一飞

好的，感谢卢老师！请马经理带您去辅导会现场。我做好“大内总管”，为大家全力做好服务保障工作！

卢老师

好的，感谢李经理！

目 录

001 前 传

001 第1讲 如何定岗?

1.1 为什么说岗位管理是人员管理的基础? 003

什么是人力资源管理的345？ 岗位管理的“三定”是什么? 组织的目标是培养明星员工吗?

1.2 人为什么越来越多? 015

岗位设置常见问题有哪些? 组织的熵增是怎么产生的?

1.3 为什么要推行大岗位设计? 020

什么是大岗位设计? 生产制造行业怎么做大岗位设计? 银行怎么做大岗位设计? 医院怎么做大岗位设计? 职能部门可以做大岗位设计吗?

1.4 元岗位有什么优点? 033

大岗位的颗粒度怎么把握? 什么是元岗位? 元岗位该怎么构建? 怎样通过元岗位自动生成岗位说明书? 怎么通过元岗位自动生成岗位业绩合同? 怎么通过元岗位自动生成岗位价值系数?

049 第2讲 如何定编?

2.1 单位总编制如何核定? 051

定编跟编办核定的编制是一个概念吗? 定编的基本策略是什么? 单位总编制跟哪些因素有关? 如何做回归分析? 如何做人均效能分析? 如何做对标分析? 如何做业务目标规划? 如何测算人员编制?

2.2　一线部门人员编制如何核定？　071

部门定编和单位定编方法有不同吗？　一线部门回归分析数据模板怎么构建？　一线部门人均效能分析参数怎么设定？　一线部门定编怎么做对标分析？　一线部门定编怎么做动态调整？　一线部门定编多长时间操作一次？　特殊请假人群怎么定编？　新组建一线部门如何定编？

2.3　职能部门人员编制如何核定？　086

职能部门定编难在哪里？　职能部门定编中踩过哪些坑？　职能部门定编的总策略是什么？　职能部门可以用增人不增资、减人不减资的方法吗？　职能部门怎么做初始化定编？　职能部门定编怎么做行业对标？　职能部门三维初始化定编怎么操作？　职能部门的对标数据怎么获取？　怎么处理职能部门的对标数据？　怎么组织领导评价的维度测评？　三维数据怎么汇总？　部门编制怎么向部门反馈？

119　**第3讲　如何定员？**

3.1　什么是定员？　121

定员前为什么要定价？　岗位定价的结果怎么和定员结合？　为什么说“四定”中定员最难？

3.2　如何实现干部的能上能下？　128

中层干部要有职数控制吗？　为什么要设计“双通道、多序列”？　中层干部怎么做公开选聘？　中层干部公开选聘只看演讲能力吗？　中层干部可以采取全部起立的方式吗？　中层干部需要有任期吗？　管理干部可以通过考核来淘汰吗？　管理副职有淘汰机制吗？

3.3　如何实现员工的能进能出？　148

什么是“双选”？　什么是“冰箱计划”？　待岗员工的工作和薪酬怎么安排？　可以将员工外包出去吗？　现在的员工可以转为外包身份吗？

3.4　如何做到人尽其才？　160

如何让员工发挥出更大的效能？　如何构建岗位胜任力模型？　如何评估人岗的适配性？　人才盘点结果后续如何应用？　员工调动原部门不放人怎么办？

177　**后　记**

第 1 讲

如何定岗？

1.1　为什么说岗位管理是人员管理的基础?

什么是人力资源管理的345？　岗位管理的“三定”是什么?

组织的目标是培养明星员工吗?

1.2　人为什么越来越多?

岗位设置常见问题有哪些?　组织的熵增是怎么产生的?

1.3　为什么要推行大岗位设计?

什么是大岗位设计?　生产制造行业怎么做大岗位设计?

银行怎么做大岗位设计?　医院怎么做大岗位设计?

职能部门可以做大岗位设计吗?

1.4　元岗位有什么优点?

大岗位的颗粒度怎么把握?　什么是元岗位?

元岗位该怎么构建?　怎样通过元岗位自动生成岗位说明书?

怎么通过元岗位自动生成岗位业绩合同?

怎么通过元岗位自动生成岗位价值系数?

1.1 为什么说岗位管理是人员管理的基础？

故事导入

糖人通讯的人力资源部经理马清波陪着卢老师来到糖心俱乐部会议室。这次会议室明显大了很多，虽是周六，还是坐满了人，大家的学习热情高涨。

时隔大半年，又回到熟悉的环境、遇到熟识的面孔，卢老师很高兴，这次却是不一样的辅导主题。

糖人通讯人力资源部经理马清波主持了会议开场。

马清波：各位朋友好！欢迎大家莅临"糖心俱乐部"。我是糖人通讯人力资源部经理马清波。非常高兴在这里看到上一期辅导会的很多老朋友，也特别欢迎新来的朋友。今年上半年我们在糖心俱乐部举办的薪酬分配辅导会引发了热烈的反响，在大家的强烈建议下，我们这一期辅导会重点来讨论岗位管理的话题。本次我们继续邀请到业内知名的人力资源管理"大咖"，也是我们公司聘请的专家顾问卢锐军老师！大家掌声欢迎！（掌声响起）

卢老师：谢谢马经理！大家好，我是卢锐军！非常感谢糖人通讯的再次邀请，使我能够连续三次担任糖人通讯的人力资源管理顾问。去年给糖人通讯的中层干部进行了绩效管理主题的辅导，今年四月份给我们糖心俱乐部会员单位的朋友进行了薪酬分配主题的辅导，本次就岗位管理的专题进行沟通交流。希望大家积极参与讨论，共同成长！

冯莉莉

卢老师好！马经理好！各位朋友们好！我先自我介绍一下，我是本市城商银行总行的人力资源部总经理冯莉莉。感谢糖人通讯提供了一个很好的学习交流平台。上一期我全程参加了卢老师的薪酬分配辅导会，受益匪浅。上个月我们专门邀请卢老师到我们总行，给总行领导班子和中层干部讲了一场《中国式绩效管理》的课程。卢老师的课程非常接地气，实用性很强，我们总行董事长和行长非常认可，认为应该早点请卢老师来授课。这次培训完全超出我的预期，非常感谢卢老师！

卢老师

很高兴再次见到冯总！看来上次到你们总行的培训效果不错！将领导们好好“催化”了一下！哈哈！

冯莉莉

就是、就是，我们给领导讲100句，不如专家讲一句，外来的和尚好念经嘛！

（有一个新朋友发言啦……）

秦晓芳

卢老师好！各位朋友好！我是本市人民医院的人事科主任秦晓芳。今年四月份我们医院财务科赵青松主任参加了卢老师的薪酬分配辅导会，受益很多，他在我们医院内部中层干部会议上分享了很多次，让我们眼界大开。这期辅导主题是岗位管理，正好是我们人事科负责的业务，很感谢糖人通讯提供一个非常好的学习机会，可以当面向卢老师学习。

卢老师

欢迎秦主任！怪不得今年薪酬分配辅导会上赵主任学习这么认真，原来他回去还要进行“二次培训”，哈哈！回去后请代问赵主任好。医院职能部门的分工跟企业不一样。医院财务科管钱，人事科管人。本次岗位管理辅导的重点是定岗定编，这是很多医院领导和人力资源部门非常头痛的问题。

秦晓芳

看来赵主任说得一点没错！卢老师果然是大专家，对我们医院情况太熟悉啦！不瞒大家说，我们院领导现在就很头疼定岗定编的问题：一方面医院总人数不少、人工成本高；另一方面各科室都还说要加人。不知道人为什么总是不够用！

冯莉莉

秦主任说的我很有同感。我们银行也有同样的问题，所以这期辅导会我一定要好好请教一下卢老师。

马清波

各位好！我给大家介绍一个新朋友。孙鹏程是我大学的同学，也是华夏大学人事处的处长。上次我们同学聚会，谈起人事工作的难题，我们有很多共鸣点，我特别提到了我们这期的辅导会，孙处长说一定要来认识卢老师和各位同人。

孙鹏程

卢老师好！各位朋友好！我是孙鹏程。之前我一直以为我们大学是一个“独立王国”，我们的人事管理工作跟你们企事业单位差别很大。上次跟马清波经理聊完后，发现很多问题是共性的。尤其是马经理送了我卢老师的两本大作《其实，绩效管理并不难》和《要想挣钱，先学会分钱》后，我几乎是一口气读完的，太解“渴”啦！所以听说有这次辅导会，我一定要来现场，向卢老师当面请教！

卢老师

欢迎孙处长！很高兴有新朋友加入！我参与过很多行业的人力资源管理咨询与辅导项目，坦率地说，虽然各行业差距很大，但是80%的人力资源管理问题都是一样的。

冯莉莉

我非常认同这个观点！人性几千年没有变化，由人组成的组织，其组织行为学特征也是一致的。

孙鹏程

嗯，有人的地方，就有江湖！

马清波

江湖的传说，每天都在上演！

卢老师

你们两位老同学一唱一和！不错！气氛搞起来啦！

马清波

哈哈！不过，言归正传，这次辅导会我们共安排了三期，请卢老师就岗位管理的主题给大家辅导一下。热身完，我们就正式开始吧！

卢老师

好呀！

什么是人力资源管理的345？

马清波

作为东道主，还是我先来提问吧，就算是抛砖引玉。去年我们邀请卢老师针对我们公司的中层经理辅导了绩效管理体系，对我们帮助很大；今年上半年邀请卢老师在糖心俱乐部给我们大客户进行了薪酬分配体系的专题辅导，大家受益匪浅；在大家强烈建议下，今年我们继续邀请卢老师对我们的大客户进行岗位管理体系辅导。我有一个问题请教一下卢老师，这三个体系似乎就是您在前两次辅导中都提到的3P天平模型？

卢老师

没错！人力资源管理的核心是3P：岗位（Position）、绩效（Performance）、薪酬（Payment），这三者正好构建了一个天平模型。今天有不少新朋友，我再解释一下这个天平模型，请大家看下投影附图。

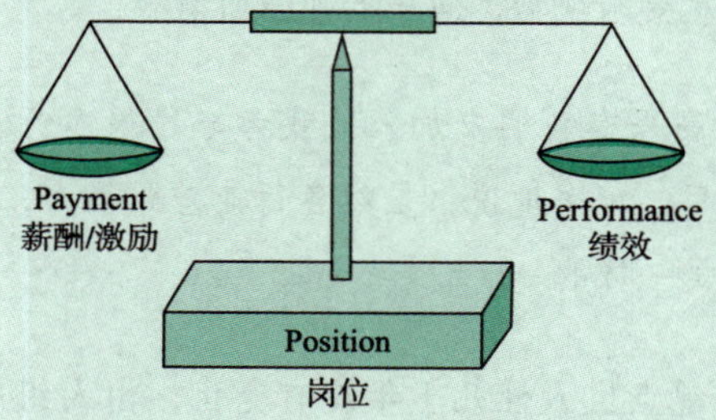

冯莉莉

嗯，卢老师这个天平模型总结得特别好，我印象很深刻。岗位管理是基础，绩效管理是核心，薪酬激励是根本！

卢老师

冯总记性很好！岗位管理是天平的基座，绩效管理和薪酬激励构建了天平的两个托盘。不过我们很多人看天平时比较关注天平两个托盘是否平衡，而忽略了基座是否稳固。如果基座不稳，再平衡的天平最终也会倒下来。

秦晓芳

卢老师说得太好啦！我们医院的财务科负责医院的考核与分配工作，我们人事科负责人员招聘和配置工作。今年我们财务科的赵青松主任参加了卢老师的薪酬分配辅导会后，想在医院内部推动岗位价值评价和全员绩效管理工作。结果发现我们连最基础的岗位说明书都没有，所以他将“锅”又甩给了我，希望我们人事科来完善岗位管理的基础工作。所以这次的辅导会，他极力举荐我来参加。

卢老师：呵呵！看来赵主任的目标感和执行力都很强！不过话说回来，没有你们人事科的配合，他们财务科牵头的考核与分配工作都会有问题。

马清波：还真是这样！卢老师在辅导绩效管理时说过“12字箴言”：考什么、做什么；做什么、考什么。没有岗位管理的基础，绩效管理的考核指标就是无源之水。

冯莉莉：嗯，今年卢老师辅导薪酬分配时讲到差异化分配的“八字真经”：以岗定薪、按绩取酬。薪酬分配的基础也是岗位管理！

卢老师：没错！看来大家学得都很好！大家还记得我在今年薪酬分配辅导会上说的人力资源管理的“345”路径吗？

孙鹏程：卢老师，这个我知道，马经理给我讲了一次，我记忆犹新。“345”路径应该是：3个员工、拿4个人的钱、干5个人的活！可是现实中，我们正好是反着的“543”：5个员工、拿4个人的钱，干3个人的活！

秦晓芳：孙处长说得没错！薪酬总额是有限的，员工数量一多，人均分得少，员工不开心，干活积极性不高，蛋糕做不大，这样薪酬总额更少，分给员工的钱也更少。这样形成了恶性循环。

冯莉莉：嗯，上期辅导时卢老师说过，“345”会让一个单位进入马太的正效应：强者恒强，越有钱的越有钱；“543”会让一个单位进入马太的负效应：弱者恒弱，越没钱的越没钱！

卢老师：大家都说得很好！要实现人力资源管理的“345”路径有三大关键任务：第一，瘦身健体、定岗定编，解决3个员工的配置问题；第二，4个人的薪酬投放不能撒胡椒面，要精准投放给组织里面的价值贡献者和业绩产出者；第三，5个人的绩效产出就是全员绩效管理的问题，重点解决考核的最后一公里落地，实现一人一表全覆盖。

马清波：嗯，卢老师的研究非常系统。第一期辅导会解决“干5个人的活”的考核问题，第二期辅导会解决“分4个人的钱”的分配问题，这期的辅导会重点来解决“3个员工”的定岗定编问题。

卢老师：是的。定岗定编是人力资源管理的基础，我们一些单位的员工人浮于事、效率不高，忙的忙死、闲的闲死，有限的资源就这样被无谓消耗了很多。

冯莉莉：是啊。有一些闲人，不仅占着资源不干活，关键还影响别人干活！

秦晓芳：可不是嘛！所以今天我们要好好向卢老师学习一下怎样解决“3个员工”的配置问题。

岗位管理的“三定”是什么？

马清波：卢老师，我们原来常说岗位管理有“三定”，怎么现在有些单位在说“五定”“六定”，是一回事吗？

卢老师：“五定”“六定”都是在“三定”基础上扩充出来的，增加诸如定责、定价、定薪等内容。岗位管理的核心还是“三定”，请大家看下投影附图。

马清波：嗯，这个“三定”比较经典。

卢老师：是的。定岗解决“Why”和“What”的问题：为什么要设置这个岗位、这个岗位做什么；定编解决“How many”（多少人做）的问题；定员解决“Who”（谁来做）的问题。

冯莉莉

卢老师，可否以一个案例来说明“三定”的关系呢？

卢老师

好的，我们以你们银行对公客户经理岗位举例。银行是为客户提供金融服务的组织，客户类型有个人客户和公司客户。银行为这两类客户提供的产品类型和服务模式差别很大，所以银行通常会设置个人客户经理和对公客户经理。接着我们需要明晰对公客户经理的工作职责、工作要求等内容，这就是定岗。接着我们需要定编，测算一下一个对公客户经理平均能服务多少个公司客户，50家还是100家？这样测算下来，假如我们这家支行需要5个对公客户经理，这就是定编。

冯莉莉

嗯，最后就是定员。通过内外部招聘渠道确定这5个人选？

卢老师

没错！这就是“三定”的标准流程：定岗、定编和定员。

孙鹏程

可是现实中我们大学的“三定”都是倒着来的：人已经在这了，上级单位已经核定好了编制，我们也只有定岗的份了！

秦晓芳

孙处长说得没错！我们医院也有类似的问题。

卢老师

这里有一个概念误区我们要澄清一下。学校和医院都属于事业单位，所以你们说的编制更多的是上级主管单位给你们核定的“身份”编制，就是我们常说的“体制内身份”。这几年国家改革的动作很大，要求医院和学校纷纷要去编制化，体现同工同酬。所以我们这里谈的编制是指人员数量的配置问题。

冯莉莉

我们银行改制前也有这样的问题，现在市场化运营后，都是合同制员工，当然我们也有派遣和外包员工。

孙鹏程

卢老师对我们事业单位改革进程很熟悉。我们大学也正在全面推行聘用制，但是以前体制内编制身份也还存在，估计需要很长一段时间去消化。

秦晓芳

是的。我们医院职工也是多种身份构成。上级核定编制也就是上级财政拨款的人数。我们人事科核定的编制更多的是科室合理的人数应该是多少人。

卢老师

没错！这就是定编真正的内涵。

组织的目标是培养明星员工吗？

马清波

“三定”还得从定岗开始吧？

卢老师

是的，这是基础。定岗，也就是岗位设置，这块做得不好，后续一堆的管理问题就会冒出来。我给大家分享一个经典案例，请看下投影附图。

从前，有一个小和尚在一座古寺担任撞钟之职，按照寺院的规定，他每天早上必须撞一次钟，半年下来，感觉非常简单，非常无聊。“做一天和尚，撞一天钟”吧。

一天，寺院住持宣布要将他调到后院劈柴挑水，原因是他不能胜任撞钟之职。小和尚不服气，就问住持：“难道我撞的钟不准时、不响亮吗？”

住持告诉他：“你的钟撞得很响，但钟声空泛、疲软，因为你心中没有理解撞钟的意义。钟声不仅仅是寺里作息的准绳，更为重要的是要唤醒沉迷众生。因此，钟声不仅要洪亮，还要圆润、浑厚、深沉、悠远。一个人心中无钟，即是无佛；如果不虔诚，怎能担当撞钟之职呢？”

小和尚听后，面有愧色。自后潜心修炼，最终成为一代名僧。

马清波

这个案例有点意思，看似说的是寺院的事情，但是跟我们单位的情况很相似。

卢老师

没错！这里我们来做一个类比：这个寺院就是一个企事业单位，寺院主持就是单位的管理者，小和尚是单位的员工。从管理的角度来看，大家觉得有什么问题吗？

冯莉莉

很明显，这个主持对小和尚事先没有明确工作标准，后期虽然提了标准要求，但是这个标准太含混不清了。说实话，我们单位这种情况真不少，一些部门管理者老跟我抱怨说员工工作不到位，而我们在跟这些部门的员工访谈时，员工普遍反映部门领导没有明确的工作要求，工作没有方向感。

马清波

冯总说得很好！这个案例正如卢老师的第一本书《其实，绩效管理并不难》中描述的那样，我们很多管理者给员工安排工作时，工作要求似是而非，经常让别人去“悟”，悟性不高的员工可就痛苦啦。

孙鹏程

哈哈！还真是这样。这个案例中，这个管理者有点过分，这么长的时间不给员工反馈，半年之后才说员工做得不好。早干吗去了？！

秦晓芳

确实，这里还有一个问题，这个住持对小和尚没有进行岗前培训。员工做不好，你应该先培训他呀！

嗯，大家都说得很好，这个案例还有别的问题吗？

卢老师

冯莉莉

还有不少问题，比如考核奖惩规则事先不明确，也没有给员工规划职业发展路径。管理者要让员工看到希望！

秦晓芳

我觉得还有一个更深层次的问题：人岗适配问题！没准这个小和尚根本就不适合撞钟，你非要让他撞钟，即便你说清楚工作要求，也对他培训了，他可能还是做得不好，不如换一个岗位可能更能发挥他的特长。

马清波

秦主任说得很好！大家说了一堆这个老和尚的问题，有招聘、培训、考核激励、职业发展等问题，我认为核心问题就是一个——缺了一份岗位说明书！

孙鹏程

马经理又回到老本行啦！我提出一个跟大家不一样的看法，大家都在批判住持的管理问题，我觉得这个住持很厉害，他用他独特的方法培养出了一代名僧！

卢老师

哈哈！孙处长逆向思维很好！点赞一下！确实，从寺院角度来看，这个案例没有毛病，因为寺院的目标是修行，“悟”也是一种修行！但是企事业单位的目标就不一样了！我想这个住持可能用这个方法培养了100个小和尚，最后能成为一代名僧的也只有这一个！

冯莉莉

卢老师总结得太精辟啦！我们企业的目标不是培养明星员工，而是让100个员工在各自岗位上各司其职，最后实现组织的大目标！

秦晓芳

大家都说得太好啦！跟着大家一起讨论，太受益啦！

孙鹏程

嗯，这个我很认同！企事业单位目标跟寺院目标确实差距很大，所以对我们企事业单位来讲，岗位管理是人力资源管理的基础，这项工作如果做得不到位，其他工作也无法有效开展。

卢老师

没错！关于岗位管理的重要意义，请大家看一下投影附图。

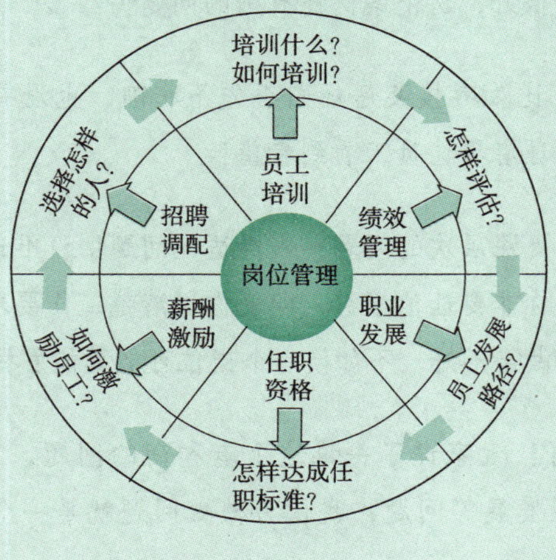

冯莉莉

这张图像八卦图一样，总结得很好。岗位管理做得不好，直接影响人力资源各个模块的执行。我们单位的招聘、培训、考核、激励都应该围绕岗位管理展开。

秦晓芳

嗯，这个图最外一圈描述了员工的职业生涯周期。员工从进入一家单位，到离开一家单位，也是围绕岗位管理来展开的。

卢老师

没错！岗位管理是人员管理的基础。就像我们前面天平模型介绍的，岗位管理是天平的底座，底座不牢靠，再平衡的天平都会倒下来。

马清波

嗯，深以为然！

（辅导会继续进行……）

【读书笔记】

- 人力资源管理的3P天平模型：岗位（Position）、绩效（Performance）、薪酬（Payment）。岗位管理是基础、绩效管理是核心、薪酬激励是根本。
- 绩效管理的12字箴言：考什么、做什么；做什么、考什么。
- 没有岗位管理，绩效管理的考核指标就是无源之水。
- 差异化分配的八字真经：以岗定薪、按绩取酬。
- 天平模型的345路径：3个员工、拿4个人的钱、干5个人的活。
- 人力资源管理的三大攻坚战：

  ✓3个员工的配置：瘦身健体、定岗定编；

  ✓4个人的薪酬投放：薪酬要精准投放给价值贡献者和业绩产出者；

  ✓5个人的绩效产出：全员绩效管理，解决考核的最后一公里落地的问题，实现一人一表全覆盖。
- 岗位管理三定：

  ✓定岗：解决"Why"和"What"的问题，为什么设置这个岗位，这个岗位做什么；

  ✓定编：解决"How many"（多少人做）的问题；

  ✓定员：解决"Who"（谁来做）的问题。

- 岗位管理是人力资源管理的基础，直接影响招聘配置、员工培训、绩效管理、职业发展、任职资格、薪酬激励等人力资源模块的执行。
- 组织的目标不是培养明星员工，而是让100个员工在各自岗位上各司其职，最后实现组织的大目标！

1.2 人为什么越来越多？

故事导入

辅导会继续进行……

岗位管理是人力资源管理的基础，通过前面的讨论，大家有了普遍共识。

岗位管理的第一步，是岗位设置，也就是排兵布阵。这块做得不好，问题就一个一个冒出来啦。

岗位设置常见问题有哪些？

马清波：卢老师，岗位设置是人力资源管理工作的基础，可是其重要性经常被我们各级管理者忽略。

冯莉莉：没错！岗位管理的基础不好，人力资源很多工作就不好有效展开。

秦晓芳：可不是吗？我们医院财务科负责薪酬分配，很多时候也要拉着我们人事科一起开展工作。卢老师，岗位设置的常见问题有哪些呢？

卢老师：岗位设置的常见问题有三个，请大家看下投影附图。

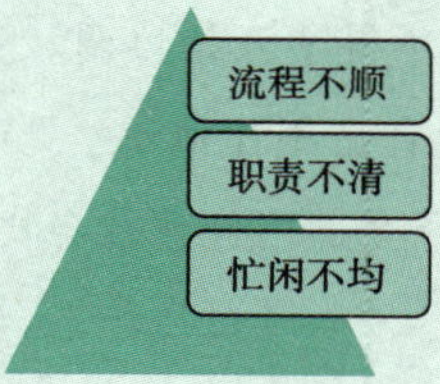

孙鹏程：这个“流程不顺”怎么讲？

卢老师：各单位的工作都是讲流程的。如果一个工作流程只涉及一个岗位，即便是有问题的，也是内部矛盾，内部消化掉了。但是一旦涉及跨岗位，协调就开始了，流程的瓶颈点就会出现，干活肯定不顺。

孙鹏程：没错！这个我们有体会。如果某个流程涉及一个部门也还好，我们部门负责人内部可以搞定。可是这个流程一旦跨部门，就涉及跨部门沟通，现在部门墙那么高，很多时候都要上升到一把手那里去协调。

卢老师：确实如此！工作流程是由流程节点构成的，而节点一定在某些岗位的工作职责中，如果岗位设置不好，就会出现流程的瓶颈点，进而影响流程效率。

马清波：这个该怎么解决呢？

卢老师：这个需要通过“流程穿越”来进行优化。一般单位是由企管部或运营部门牵头，梳理组织主要流程，界定流程节点，然后对流程进行评审并优化相应的部门或岗位设置。

马清波：嗯，明白啦！我们公司的企管部去年就干过这事情。岗位设置第二个问题“职责不清”，是说出现职责交叉了吧？

卢老师：没错！我问大家一个问题：假如A和B两个岗位有一个共同的职责C。请问大家，最后A和B两个岗位的员工会抢着干C的活吗？

（大家异口同声说“不会”！）

卢老师：是的。两人都不干，部门经理会去干吗？

冯莉莉：也不会！所以部门经理就不得不开始协调。让A干吧？A会说“凭什么让我干，B也有C职责，为什么不让他干？”让B干吧？B也会有同样的说辞，最后两人都不干。于是部门经理就会找我们人力资源部要加人！

秦晓芳

就是，就是！我们医院也是这样！我们人事科要是不给人，这些科室主任就会找分管院长，基本上分管院长都是“护犊子”的，也不能指望他们来控制人员编制。最后肯定是上升到单位主要领导。这时候验证了一句话：会哭的孩子有奶吃！会“演戏”的部门负责人也真要来了人。

孙鹏程

秦主任说得很形象。我们大学情况也是一样的。有些部门负责人明明知道A、B两个岗位的员工都没有这么忙，最后不得不因为这个职责C增加一个人员。哎，人员就这么开始膨胀啦！

组织的熵增是怎么产生的？

卢老师

人员增加后大概率会出现岗位设置第三个问题：忙闲不均！我再问大家一个问题：一个部门有10个员工，其中9个员工很忙，1个员工很闲，请问最后的结论是那1个闲人向9个忙人看齐，还是9个忙人向那1个闲人看齐？

马清波

不用说，组织行为学的基本规律是“比闲不比忙”！

冯莉莉

我同意马经理的观点！根据我的观察，这时候闲人大概率不会主动要求增加工作，而9个忙人大概率会找部门经理要求调整工作量。

孙鹏程

马经理和冯总说得没错！这时，又开始考验部门经理啦！但是很多部门经理经不起考验呀！

秦晓芳

是的。部门负责人要是让闲人来承接多出的工作，人家一句话就顶回来了：当初说好我就是这个岗位，岗位说明书都让我签字画押了，我的工作量是少了，那也不是我的问题，是你部门的问题。你非要给我加活，也可以，给我加点钱呗！

孙鹏程

这钱肯定不能加呀！你说你这么清闲，还给你加钱，那对于别的忙的员工怎么交代呀？！

卢老师

所以，部门经理发现说服不了闲人，忙人又在叫唤，于是只好来找你们人力资源部经理要加人。而且他们给你们汇报加人的理由都是选择性汇报的。

冯莉莉

卢老师太熟悉他们的套路啦。这些部门经理肯定不会说那个闲人的问题，没有搞定那个闲人，那不是说自己无能吗？所以他们只会说那些忙人的问题，还拿出很多业务数据、加班记录来证明这些人很忙，要加人。我们人力资源部要是不给人，他们就找分管领导，最后找主要领导，会演戏的最后将第11个人给要来了。

马清波

没错！但是问题还是没有解决，新来的第11人忙，原来的9个人也忙，原来的第10个人还是闲，还是忙闲不均。慢慢地，会出现第12个人。

卢老师

是的。这就是热力学第二定律“熵增原理”在组织行为中最精妙的体现。

马清波

嗯，我知道“熵增原理”。虽然是物理学的概念，现在很多企业都在研究这个熵增的问题。熵是代表组织混乱程度的指标，一个封闭组织中，熵一定朝着增加的方向变化。要想减少熵增，物理学上要做功，管理学就要下管理功夫。卢老师，这个忙闲不均的问题有什么好的解决办法吗？

卢老师

有的。稍事休息后，我给大家分享一下新的解决思路。

（辅导会中场休息……）

【读书笔记】

- 岗位设置是人力资源管理的基础，如果岗位设置不当，会导致人力资源工作难以有效开展。
- 岗位设置常见的问题：

  ✓流程不顺：跨岗位的工作流程中，协调和瓶颈问题会导致工作效率降低。

  ✓职责不清：岗位之间职责交叉，导致工作推诿，最终导致人员膨胀。

  ✓忙闲不均："比闲不比忙"，闲的人不说，忙的人要增加人员，长期下去会导致组织熵增和效率下降。
- 组织行为学的基本结论是比闲不比忙！
- 要想减少组织熵增，就要下管理功夫。

1.3 为什么要推行大岗位设计？

故事导入

中场休息的时候，大家还在热烈讨论。卢老师前面的分享大家产生了强烈共鸣。因岗位设置不当导致的人员膨胀问题，似乎在每个组织中都存在。

有的与会者专门用手机上网搜了一下熵增原理后，很沮丧。因为他发现一个封闭体的熵增似乎不可逆转，只能减缓熵增的趋势。大家特别期待卢老师分享怎么减少熵增的思路。

休息结束后，辅导会继续进行。卢老师一上来就给大家出了一道选择题，吸引了大家的注意力……

什么是大岗位设计？

卢老师

大家好！我们继续上节课的遗留问题。我先给大家出一道选择题，请看下投影附图。A、B、C是三项工作职责，按工作量分析，每项职责各需要一个人的工作量来完成。这里有两种岗位设置方案：方案一，三个职责分设三个岗位，每个岗位配置1个人员编制；方案二，将三个职责合并成一个岗位，配置3个人员编制。大家会选哪一个方案？

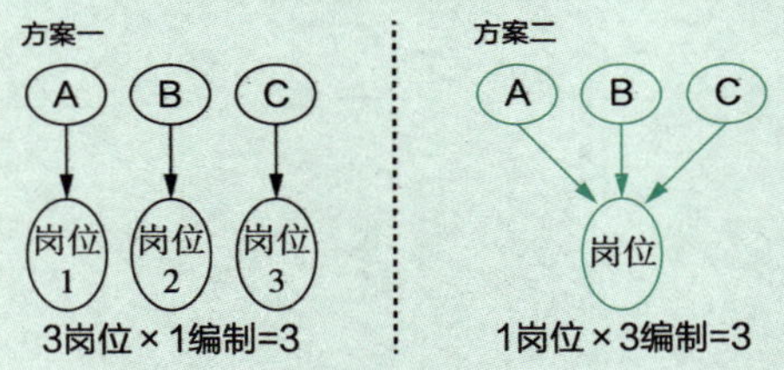

马清波

嗯，这个案例有点意思。第一个方案是3×1=3，第二个方案是1×3=3，数学上完全等价，但却是两种完全不同的定岗定编方案。如果我来选择，我会选第一个方案。俗语说得好，丁是丁，卯是卯，职责界限很清晰、分工很明确！

秦晓芳

我也选择方案一，这个方案的另一个优点是考核和分配起来更容易。

冯莉莉

我觉得方案二更好，一岗多职、一人多能。

孙鹏程

我同意冯总意见，方案二对人的培养也有帮助。

卢老师

哈哈，大家形成了两派意见。不瞒大家说，我在很多企事业单位讲课时，问过很多学员这个问题，学员意见分布基本都是50%对50%。这说明这两个方案都有很多支持者，反过来也说明我们很多管理者在岗位设置和人员的排兵布阵上都有自己的想法。

马清波

这里可能就有合理和不合理的成分啦。卢老师，这两个方案该怎么选择呢？

卢老师

好的，我们先说下结论。在符合两个前提条件下，我们更主张方案二而不是方案一。方案二就是现在非常流行的“大岗位”设计。方案一是“细岗位”设计。

马清波

哦！方案二“大岗位”的两个前提条件是什么？

卢老师

第一，A、B、C三个职责不能有互斥的现象，即不能让岗位任职人员既做运动员又做裁判员！

马清波

嗯，有道理！比如会计和出纳这两个岗位，按财务管理准则必须分离，如果为了节省人工，一个人两个岗位全干了，那可能会发生监守自盗！

秦晓芳

没错！我们医疗工作很多时候人命关天，有些工作流程必须进行分割，这样才能通过有效的监管机制减少人为失误造成的医疗事故。

冯莉莉

我有个疑惑，在我们银行，从风险控制角度来说，监管单位经常会要求一笔业务的不同流程节点需要由不同岗位的人员来负责，但分设的这些岗位工作量不饱满，那这种情况还适合设置大岗位吗？

卢老师

我们在咨询实践中，一般有两种处理方案：一是严格按监管要求，设置这些必设岗位，然后将一些兼容的职责纳入这些岗位，确保工作量是饱满的；二是设置一个大岗位，在这个大岗位上配多个人，让这些人在不同业务流程节点上担任不同角色，满足运监分离的要求。

冯莉莉

这两种方案都不错，也是大岗位的思路，每个部门可以根据自身情况进行选择。请问卢老师，大岗位的第二个前提条件是什么？

卢老师

第二个条件：A、B、C三个职责所需要的技能不能有天壤之别，否则即便按方案二组合成大岗位了，短期内也招不到人。因为一个人同时具备三种差异很大的技能，短期可能无法实现。更何况方案二还需要招聘三个这样的人！

秦晓芳

没错！我们医院一些临床医生岗位需要从业者具有多年的经验积累，专业性很强，所以不太适合做大岗位。因此我前面选择方案一还是有合理成分的，哈哈！

卢老师

秦主任，也不尽然！虽然医院很多岗位专业性强，其实很多医院都已经开始往大岗位靠拢啦。后面我会通过案例详细说明一下。

秦晓芳

太好啦！期待卢老师的讲解。

马清波

卢老师，我是否可以这样理解，符合两个前提条件，尽量用方案二的大岗位设计？但方案一的设计方案，职责不是更加明晰吗？

卢老师

好的。我来说明一下，方案二的优点除了一岗多职、一人多能、便于人员的培养等好处之外，更大的优点是岗位管理的弹性好，对组织内外环境的应变性好，对于我们前面说的瘦身健体、定岗定编效果很好！

冯莉莉：同意！方案二对于控制人员编制过快增长有好处！

马清波：哦，愿闻其详！

卢老师：好，我们一起来看下方案一的问题。按照我们前面的假定条件，A、B、C三个职责需要三个独立的人来完成，如果这个情况一直都是稳定的，我觉得方案一比方案二好很多！可是今天我们各个单位所处的环境都是动态不确定的。

孙鹏程：没错！以前是一年一小变、两年一中变、三年一大变！现在这个变化速度明显加快了！

卢老师：是的。我们设想一下，假如A职责是我们单位的新业务、转型业务，工作量在持续加大；而C职责是我们单位的传统业务，工作量在持续萎缩！按照方案一，A、B、C三个职责分设三个岗位，三个岗位的员工工作量原本是均匀和饱和的，现在出现了忙闲不均。请问大家C岗位的员工会主动请缨要求领导增加工作量吗？

孙鹏程：大概率不会呀！他傻吗？C员工还不乐得清闲？！

冯莉莉：没错！但是A员工大概率会有意见，因为工作量多起来了，加班加点就开始啦。

秦晓芳：我明白啦，这时候如果部门负责人想将A的工作调一部分给C，C大概率是不会接受的，因为C会强调我的岗位已经定好了啊，岗位说明书当初都让我签字确认了，现在工作量少了，不是我的问题，是你组织的问题，要想加活，除非加钱。

马清波：是啊，钱又不能随便加，最后部门负责人就会找我们人力资源部来加人，最后会哭的孩子有奶吃。

卢老师：没错！这时候一些“能力强”的部门负责人很可能找领导申请将D员工给要来，解决问题了吗？

马清波

显然是没有！因为A、B、D忙，但C还是闲的，组织还是忙闲不均！按照前面的推理逻辑，大家还是比闲不比忙，最后一定会出现E！

秦晓芳

嗯，本来是3个员工，现在变成了5个员工。本来各单位都想按照卢老师前面说的天平模型“345”路径进行人力资源系统设计，结果最后变成了“543”！这就是组织人员膨胀的原因。

卢老师

所以，相对而言，方案二的大岗位设计对控制人员过快增长有明显效果，对于组织的瘦身健体效果好！

孙鹏程

没错！方案二的大岗位设计方法不错，一个岗位有三个职责，其中一个职责工作量增多、一个职责工作量减少，岗位的员工可以自行调整，不用到部门层面来协调，岗位管理的弹性增加了很多，对内、外部环境的适应性也好很多。

冯莉莉

嗯。如果这个岗位的工作量出现明显变多或变少，人员数量出现不足或冗余，我们可以增加或减少人员编制，而岗位不用重新调整。岗位管理的稳定性会提高很多。

马清波

目前国家在一些行政事业单位和国企推行机关职能部门的“大部制”，是否也体现了大岗位的设计理念？

卢老师

是的，大部制就是为了精简机构、提高运营效率。所以大部制设计方案下通常要在组织内部进行大岗位设计。

生产制造行业怎么做大岗位设计？

马清波

卢老师，能举一些具体案例说明大岗位的效果吗？

卢老师

好的。我们先举一个生产制造行业的例子。国内一家著名的国有钢铁集团，曾经拿旗下电厂做大岗位研究。这家电厂一个发电班组原来需要机工、电工、炉工三个岗位，一个班组需要配置30个人。后来他们进行大岗位试点时，组织要求发电班组的每一个员工在3年时间内，必须掌握另外两个工种的操作技能，并且拿到上岗证。3年后进行岗位的优化组合，这个发电班组取消传统的三个工种，而是设置一个“综合发电”岗位，需要三个上岗证。班组人员配置极致情况下可以减少到13人。后来上级集团公司将这个电厂的大岗位经验在全集团推广，集团钢产量翻了一番，但是员工总人数却只有原来的一半。

秦晓芳

这么厉害呀！人均效能提升了4倍！

孙鹏程

我估计这不光是大岗位的贡献，传统国有企事业单位里面人浮于事现象比较严重，大岗位倒是一个很好的催化剂，将原来岗位大量的缝隙给挤压出来啦。

马清波

没错！这一点我们公司很有体会。我们属于研发制造销售型的企业，我们以前需要大量生产线工人，这几年生产技术变革很大，上线了很多智能化新设备，对传统工人需求量减少，对技术工人需求增多。我想这也是时代发展的必然趋势吧。

卢老师

没错！我因为做咨询行业的缘故，走访了很多生产制造型行业，人工智能和信息化技术对减少人力使用、提高人均产能非常突出。

马清波

嗯，现在人工智能的发展一日千里，未来各行各业大岗位将是大势所趋，我们只有拥抱变化。

卢老师

是的。

银行怎么做大岗位设计？

冯莉莉

卢老师，我们银行业可以设置大岗位吗？

卢老师

当然可以。比如银行里面大家都很熟悉的一个岗位——柜员。通常来讲，银行网点上了一定规模的，既有对公业务，也有对私业务。所以柜员既有对公柜员，又有对私柜员。这几年，一些大银行纷纷将对公柜员和对私柜员进行整合，推出了综合柜员岗位。

冯莉莉

卢老师说得没错！我们银行现在也面临同样的情况。对公柜员技术含量高，但业务量不是很均衡；而对私柜员比较辛苦，中午和周末都要排班。设置综合柜员对于平衡忙闲不均是有价值的。不过需要在技能上进行交叉学习。

卢老师

没错！我们现在有一些银行走在更前面，甚至将柜员、大堂经理、客户经理、理财经理融合成一个更大的岗位——客服专员。

冯莉莉

哦，这个整合动作有点大，他们是怎么做到的呢？

卢老师

我们国内一些创新业务走在前面的银行，上线了很多智能柜员设备，以前一些需要柜员办理的非现金业务，现在都可以通过智能柜员机来实现。

冯莉莉

嗯，是的。我们银行也在逐步引入这样的设备。从试点效果看，这些机器的上线是可以减少柜员的数量，提高网点人均效率的。

卢老师

不仅如此，多岗位融合后，客户服务质量和营销效果也更好啦！

冯莉莉

哦，愿闻其详！

卢老师

我们看下客服专员新的业务流程：顾客一进入我们银行的网点，这个客服专员马上就开始迎上去做人员分流，这之前是大堂经理干的活；分流到不同智能柜员机上后，客服专员教客户在机器上办业务，以前是客户说、柜员在柜台后面办业务；客服专员在教客户的过程中，跟客户互动聊天，聊着聊着，开始销售银行的产品啦……

冯莉莉

没错！这个销售效果也好。我们以前是通过考核指标让柜员开口做营销，还是有难度的。改变业务流程，设置客服专员的大岗位后，他就需要在做好服务的同时，做好营销动作。在网点进行大岗位设置，可以有效地提高人均效率，释放出来的人力可以更好地服务客户、挖掘出来更大的客户价值。

卢老师

是的。我们有一个基本判断，随着人工智能、信息化的发展，很多传统行业的传统岗位会逐步消失，取而代之的一定是一岗多职、一人多能的大岗位！这个势头将不可阻挡，我们人力资源管理必须拥抱变化！

冯莉莉

我非常认同卢老师的观点。银行虽然是一个传统行业，但是这几年随着互联网的发展，我们各家银行都在大力发展金融科技，传统的现金业务逐渐减少，原有的业务流程和岗位设置都在发生巨大变化，我们还是要未雨绸缪、做好应对！

医院怎么做大岗位设计？

秦晓芳

卢老师，您讲的大岗位思路我觉得非常好！可是我们医院属于非常传统也非常专业的行业，可以做大岗位吗？

卢老师

当然可以的。目前我接触的很多医院都已经开始尝试做大岗位啦。

秦晓芳

太好了！可否举例说明一下呢？

卢老师

好的。我先说一个医院科室的案例。有一位医院院长在听我介绍完大岗位方法后，将医院的功能检查科做成大岗位了。他们发现，功能检查科需要做各种检查项目，但是忙闲不均，比如做心电图的技师就比做脑电图的忙很多。

秦晓芳

确实存在这种情况。忙的岗位不停要加人，闲的岗位乐得自在，奖金也没有少多少。

卢老师

没错！所以他们就在功能检查科推行大岗位设置。通过相互学习岗位技能和医院送出去培训等方式，培养技师的全面技能，然后统一排班，提高人员复用效率，降低人员增长速度。

秦晓芳

嗯，这是非常好的思路。现在的医疗检查设备越来越智能和先进，检查技师未来具备一岗多能、一人多职是完全可能的。卢老师，护士岗位也可以实现大岗位吗？

卢老师

当然可以，护士是医院人数最多的群体，如果实现大岗位，对医院的人员效率提升更为明显。现在很多医院在推行护理的垂直化管理，其实就是在尝试护理的大岗位设计。

秦晓芳

哦，我们医院也在研究护理的垂直化管理，但是出发点是为解决医生和护士的分钱矛盾。这样做也属于大岗位设计吗？

卢老师

没错！以前医院的临床科室里面，医生和护士在一个锅里吃饭（医院给科室一个奖金包），医生和护士的分钱矛盾很突出。现在采取医护分家之后，医生和护士分锅吃饭，减少矛盾，这只是第一个目的。第二点，护理垂直化管理后，医生按原来的临床科室走，但是护理按楼层划分护理单元。有可能这个护理单元里面有2个临床科室的病人。

秦晓芳

我明白了。护理垂直化管理后，护士不再属于临床科室的人，而是受医院护理部垂直管理，这样医院可以统一调度，这对于复用床位资源和护士资源是有好处的。我们的临床科室也是忙闲不均，忙的科室整天找我们人事科要增加护士，闲的科室护士资源也不能很好调剂出来，这样医院可以统一调度，提升护士的人均效能水平了。

马清波

秦主任，我是外行，想请教一个问题：如果护士统一调配，是否需要护士在技能适应性上更好些？

秦晓芳

护士跟医生岗位有所不同，专业跨度要小很多。而且我们很多护士上岗时都要求转科（科室轮岗），所以护士岗位做大岗位的可行度是很高的。

马清波

医生岗位不太好操作大岗位吧？毕竟医生属于专业性很强的岗位？

卢老师

也不尽然。一些医院也在逐步实施医生大岗位。比如国内一些大型三甲医院也都开始设置全科医生团队，这样充分体现了以患者为中心而不是以疾病为中心的治病理念。

秦晓芳

确实，之前很多患者挂错号！通过全科分诊后，再到专科找专业医生看病，不仅能提高医疗服务效率，患者满意度也会高很多。

卢老师

没错！即便是专科医生，现在也面临医疗技术快速变革下的技术迭代问题，比如外科医生动手术，以前大型手术可能需要6~8个小时，现在使用微创手术和机器人手术后，可能只需要2~3个小时。

秦晓芳

的确如此。我们医院临床科室出现一些新的变化：内科在外科化，外科在微创化。这也要求我们的医生除了本专业，还要掌握更多的其他学科的技能，并且积极拥抱新技术。这也是未来的大趋势。

卢老师

没错！

职能部门可以做大岗位设计吗？

孙鹏程

卢老师，前面介绍了一些行业一线员工的大岗位设计案例，对我启发很大。我们这些行业都有类似的职能部门，请问职能部门可以设计大岗位吗？

卢老师

当然可以！而且职能部门设置大岗位优势更突出。

孙鹏程

哦，愿闻其详！

卢老师

我问大家一个问题，你们各个单位的领导对职能部门的定编要求是否都是偏紧的？

冯莉莉

没错！我们银行竞争压力大，我们行长整天挂在嘴边的就是职能部门不是一线作战部队，要严格控制人员编制，但各职能部门都说人不够用，忙不过来，所以我们人力资源部夹在领导和职能部门中间压力很大呀！

秦晓芳

我们医院院长最近感觉行政后勤科室人员膨胀有点快，直接下了死命令：行政后勤科室人员零增长！

孙鹏程

那就是走一个进一个？

秦晓芳

没错！

孙鹏程

这个方法倒是简单粗暴，我们大学以前也用过。后来领导调走了，新领导顶不住压力，行政的人又逐渐增加起来啦，毕竟有一些行政部门有加人的现实需求。真是一个难题呀！

秦晓芳

我们院长也知道这不是一个好方法，不得已而为之。所以给我们人事科布置课题，要求我们拿出行政后勤科室如何控编的解决方案。我想请问卢老师，这个难题的解决思路也是大岗位？

卢老师

是的。职能部门要推行瘦身健体改革，一个思路是大部制，另一个思路就是大岗位。

马清波

现在我们国家行政事业单位改革都在提大部制！大部制对于机关效能提升确实很明显。部门设置多了，干部多了，扯皮的事情多，反而效率降低了。职能部门推行大岗位的优点是什么呢？

卢老师

各家单位的领导不是都希望机关职能部门要瘦身、要精干吗？我送大家一个口诀：小机关、大岗位！

马清波

我懂了。如果机关要做小，必须用大岗位；如果用细岗位方案，最后就一定是大机关、臃肿的机关！

冯莉莉

卢老师总结得很精辟！我给大家分享一个案例。我们银行早年请过国内一家知名咨询公司做总行职能部门的定岗、定编项目。我们当时总行部门的人数有400人，结果做出的编制有480人，我们当时的行长很生气：我们本来是想借着咨询公司的手来“砍刀子”的，怎么人数越“砍”越多？

孙鹏程

哈哈！这家咨询公司太不讲“政治”啦，连客户主要领导的意图都没有搞清楚。

冯莉莉

是呀。我后来调到人力资源部后，专门看了当时的方案，就像卢老师说的，各个部门的岗位设置方案很细。据说这个结果还是咨询公司跟各部门吵架的“战果”，如果按照各部门原始的岗位设置方案，至少要500人！

卢老师

冯总这个案例很典型！说句公道话，你们请的这个咨询公司说冤也冤，说不冤也不冤！很显然，他们用的是常规咨询路径：先定岗、再定编。所以各个部门就会报出很多空岗位和细岗位，挖好了坑等萝卜来填。

马清波

先定岗再定编，这不就是人力资源教科书教我们的办法吗？没有错呀！

卢老师

是的。对于一线部门“先定岗、再定编”没有毛病，但是对职能部门一定要反着用：先定编、再定岗！

马清波

先框定职能部门编制，再倒逼各部门做大岗位设计？

卢老师

没错！我们用这个方法做了很多企事业单位的职能部门定岗、定编设计，效果很好！

冯莉莉

卢老师这两句口诀总结得很好：小机关、大岗位；先定编、再定岗。希望卢老师详细讲解一下职能部门怎么做定编的方法，这块儿太难了！

卢老师

好的。后续我们要专题讲解这个难题。

秦晓芳

太好啦，我们都很期待！

（辅导会继续进行……）

【读书笔记】

- 大岗位可以实现一岗多职、一人多能。
- 大岗位设计的两个前提条件：

  ✓职责之间不能有互斥现象；

  ✓履行岗位职责所需技能不能有天壤之别。
- 大岗位的优点：

  ✓岗位管理弹性好；

  ✓对组织内外部环境应变性好；

  ✓有助于控制人员膨胀。
- 生产制造业的单工种单岗位，可合并形成一岗多工种的大岗位，一岗多能，适应技术变革，显著提升人均效能。
- 银行岗位设置要以客户为中心，围绕服务流程做岗位融合，释放人力，深度挖掘客户价值，提升客户服务质量和营销效果。
- 医院的医生、护理和医技岗位可以通过大岗位设计，培养全面技能，优化排班，提高人员复用率。
- 职能部门瘦身健体改革思路：一是大部制，二是大岗位。
- 职能部门定编思路：小机关、大岗位；先定编、再定岗。

1.4 元岗位有什么优点？

故事导入

辅导会继续进行……

大岗位的理念和优点得到了大家普遍的认同。而且各行各业都在践行大岗位的方法。但是大岗位的一些操作细节大家还是有些迷茫，糖人通讯人力资源部经理马清波提出了他的困惑……

大岗位的颗粒度怎么把握？

马清波

卢老师，大岗位的思路很好，对于提升人员效率、减少大量协调沟通是有好处的。问题是，大岗位的颗粒度该怎么把握？比如我们人力资源部，按照极致大岗位方法，除人力资源部经理外，其余员工可以设置成一个大岗位，比如人力资源管理岗。但是人力资源六大模块的工作内容还是有差别的，技能要求也有差别，人力资源部员工之间工作内容还是有分工的。似乎这样的大岗位没有意义……

冯莉莉

马经理，那也不尽然。我们银行在很多支行没有专门的人力资源部，只有一个综合部，综合部里面有一个专设的人力资源管理岗，还真就是一个大岗位，人力资源很多工作这个岗位都要做。

卢老师

嗯，马经理和冯总讲的情形都是合理的。所以大岗位还是要根据每个单位的具体情况来分析。一般规律是：大单位，人员数量多，工作分工细致，专业度更强，岗位颗粒度偏小；小单位，人数少，工作深度要求低，岗位颗粒度就大。

秦晓芳

卢老师说得在理。我们医院本部临床科室有几十个，医生和护士分工很细。而我们医院下辖的社康中心，员工少，大家很多工作都要做。比如全科医生，内外科都要看，护士除了打针还要挂号、收费、发药等。

孙鹏程

我有一个判断不知道是否正确，采用大岗位后，工作深度相对没有那么精深啦。

没错！细岗位往往是“窄带深幅”，而大岗位是“宽带浅幅”。

卢老师

冯莉莉

有道理。我们总行人力资源部的员工要求在各自岗位上要挖深度，支行的人力资源专员更多的是承接与执行。

一般来说，总部单位我们还是需要根据编制的总量设定岗位，同时要考虑工作关联性。完全不相关的工作放到一个大岗位中，那就是为了大岗位而大岗位，没有意义。

卢老师

冯莉莉

明白，比如我们人力资源部，绩效和薪酬关联性强，可以设置成薪酬绩效岗，人力规划和招聘有相关性，可以设置成规划与招聘岗。

孙鹏程

还有一个因素，大岗位设置跟人还是有关系的。虽然我们不支持“因人设岗”，但现实当中还是有很多这种现象，可能某个人具有某种技能特征，也会考虑将相关工作合并到一个岗位上。

秦晓芳

我有一个想法，是否可以将岗位设置细点，然后一人兼多岗呢？

“一人多岗”的说法我们是不支持的，准确的说法应该是“一岗多职”。

卢老师

冯莉莉

是的。有的人干一个岗位工作量很饱满，有的人兼三个岗位，工作量未必饱满。再说了，他一人三岗，你会给他付3个人的薪酬吗？！

没错！虽然我们不支持“一人多岗”的说法，但是秦主任提的将岗位

卢老师

设置细点，再进行组合的方法却是一个不错的思路。这也是我下面要给大家分享的“元岗位”思路。

什么是元岗位？

秦晓芳

卢老师，元岗位这个词有点意思，有点像现在很流行的“元宇宙”？

卢老师

没错！“元”就是初始的意思，“元”生万物。“元”也可理解为构成分子的原子。

秦晓芳

元岗位的定义是什么？和我们平常说的岗位有什么差别？

卢老师

元岗位是不能再拆分的最小岗位单元。元岗位是构成实际岗位的基础。请大家看下投影附图。某单位的人力资源部下设两个实际岗位：薪酬福利岗和绩效管理岗。薪酬福利岗对应两个元岗位：薪酬管理和福利管理；绩效管理岗对应一个元岗位：绩效管理。但是另外一个单位规模比较小，人力资源部配置人数少，所以可能只有一个薪酬绩效岗的大岗位，这个实际岗位就由三个元岗位构成：薪酬管理、福利管理和绩效管理。

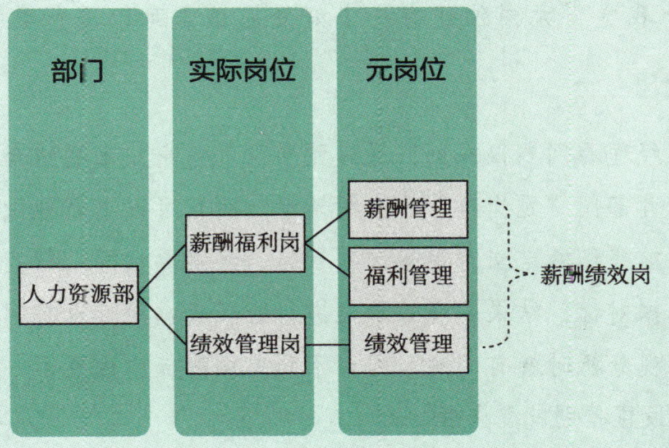

马清波

卢老师，元岗位这个思路非常好。一个单位内部经常会有组织架构调整导致岗位设置的优化，岗位名称、岗位说明书经常要同步优化，有了元岗位之后，就可以“以不变应万变”。不管实际岗位怎么变，元岗位不会变化。

孙鹏程

元岗位就像构成分子的原子一样。原子构成分子，分子再构成物体。

卢老师

是的。我们之前给企事业单位提供人力资源管理咨询服务后，客户单位过2~3年，组织架构发生了变化，岗位设置跟着变化，于是岗位说明书、岗位价值系数、岗位定编模型、岗位业绩指标库都发生了变化。人力资源部自己修改需要耗费大量时间，再请咨询公司成本高。而有了元岗位后，我们很多基础信息都存储在元岗位，这样就可以通过信息系统自动生成新岗位的岗位说明书、岗位价值系数、岗位业绩指标库等。

冯莉莉

太好啦！这可以大量减少我们人力资源部和业务部门的工作量。以前出现组织架构调整，我们就会跟业务部门讨论岗位设置情况，然后再让他们提交岗位说明书和业绩合同，部门负责人可是诸多抱怨。如果我们建立起元岗位的底层数据库，不管各部门内部怎么调整，都可以快速应对变化，而且通过信息系统自动生成，内容标准化程度高、质量也好。

马清波

卢老师，我觉得元岗位还有一个好处应该是可以进行数据穿透管理吧？

卢老师

没错！马经理看问题很深刻！通过元岗位加信息技术的结合，我们就可以分析各部门“元岗位”的应用情况。而且可以更好地做行业数据对标。以前我们做定岗定编咨询项目时，经常要找同一行业的不同单位进行数据对标，结果发现对单位进行宏观数据对标没有问题，对部门进行微观分析时就有问题。因为不同单位的部门设置不一样，部门内部岗位设置差别就更大啦。

秦晓芳

嗯，这个我深有体会。之前我们医院分管领导觉得我们人事科的人数比同等规模兄弟医院的人事科的人多，结果我们仔细一分析，发现他们将退休人员管理放到工会，将组织人事管理放到了党委办公室。而这些我们医院人事科都要管。虽然两家医院规模差不多，同样是人事科，但是管理的职责差别很大，你说这怎么对标嘛？！

卢老师

秦主任这个案例很好。我们现在人员编制核定时都要用到元岗位才能更好实现对标。因为不管岗位叫什么名字，放在哪一个部门，但是内在的元岗位不会变化，这样就具有可比性啦。

冯莉莉

太好啦！我们银行业也是很标准化的行业，虽然规模有大小的区别，但是万变不离其宗，这个“宗”就是元岗位。

卢老师

没错！元岗位的概念打通了人力资源管理的“任督二脉”，让人力资源管理进入了数字化+智能化的数智化时代。

孙鹏程

哦，此话怎么讲？

卢老师

请大家看下投影附图。因为每个单位设置的实际岗位千差万别，而元岗位是组成实际岗位的最小岗位单元，标准化程度就很高。我们可以将信息存储在元岗位上，然后将这些标准化的数据自动生成岗位说明书、岗位价值系数、岗位业绩合同模板、岗位能力模型和学习地图。同时，我们进行岗位编制对标时采用元岗位数据会更加精准。

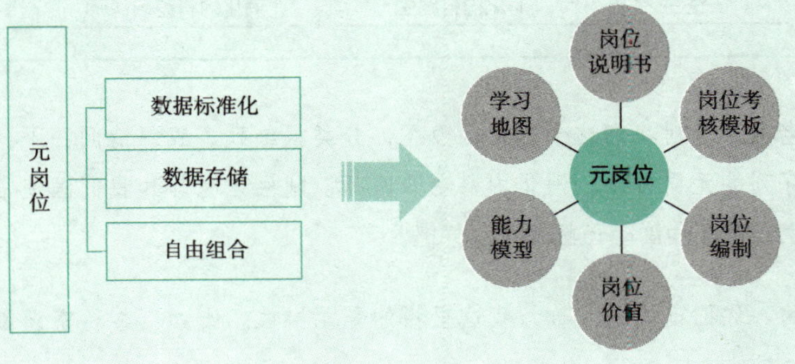

冯莉莉

太好了，这会极大提高我们人力资源管理的效率。我们也将迈入智能化时代。

元岗位该怎么构建?

秦晓芳

卢老师，元岗位这个理念很好，该怎么构建元岗位体系呢?

卢老师

好的。我们就以医院为例。我们在医院行业构建了近1000个元岗位。无论医院规模大小、医院类型相不相同，这1000个元岗位构成了医院实际岗位的基础。

秦晓芳

这1000个元岗位需要进行分类吧?不然检索起来很麻烦。

卢老师

没错!元岗位我们分成大类和小类。我们还是以医院为例，请大家看下投影附图。

元岗位大类	元岗位小类	元岗位名称
医生	消化内科医生	消化内科主任
医生	消化内科医生	消化内科副主任
医生	消化内科医生	消化内科医师组长
医生	消化内科医生	消化内科主诊医师
医生	消化内科医生	消化内科副主诊医师
医生	消化内科医生	消化内科住院医师
医生	消化内科医生	消化内科见习医师

秦晓芳

卢老师，您对我们这个行业很熟悉，分类很细致。我想请问一下，医生序列的元岗位中，消化内科主诊医师、副主诊医师和我们医院常说的主任医师和副主任医师不一样吧?

卢老师

是的。你们说的是职称，我这里指的是元岗位。比如：某科室设置了一个主诊医师的实际岗位，人岗匹配有三个人。可能这三个人职称有主任医师、副主任医师。

秦晓芳：我明白了，职称是每个岗位的任职资格条件，而不是岗位名称。

卢老师：是的。

冯莉莉：卢老师，如果某一个岗位由两个或多个元岗位构成，是否要匹配工作量？

卢老师：是的。我们通常用100%来分配工作量。请看投影附图。

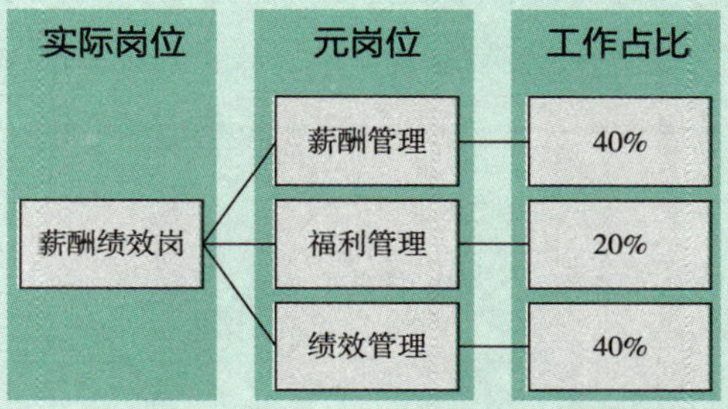

冯莉莉：我理解这个工作占比之和不能超过100%。

卢老师：必须的。如果一个实际岗位由一个元岗位构成，那工作占比就是100%。这个工作占比一般取10%的倍数。工作占比代表的是全年工作量的平均分布，不用考虑月度之间的差异。

冯莉莉：如果实际岗位内涵发生了变化，部门负责人需要修改元岗位构成和工作占比？

卢老师：是的。

孙鹏程：卢老师，某一个行业的元岗位目录建好后，不是一成不变的吧？

当然不是，元岗位目录是岗位管理的基础，要经常进行维护。但是初期构建时，要尽量准确和全面，这样后期维护量就会很小。 卢老师

孙鹏程 你们作为咨询机构，是否已经构建起各行业的元岗位目录？

我们正在做这一工作。对于一些标准化容易复制的行业，我们已经建立了完整的元岗位知识图谱。比如医院、银行、机场、地铁、公交、油田、炼化等行业。当然这项工作的工作量巨大。 卢老师

孙鹏程 我理解元岗位知识图谱不仅仅是目录吧？

是的。请大家看下投影附图。元岗位目录只是第一步，我们需要加载基于元岗位的岗位说明书、考核指标库、岗位价值系数、岗位能力模型等。 卢老师

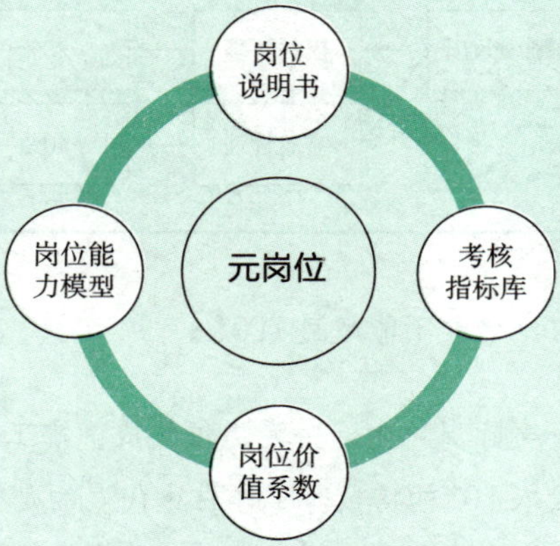

马清波 卢老师，元岗位管理需要借助信息系统吧？

没错，信息化工具可以提升工作效率。我们已经构建起了基于元岗位的人力资源信息系统。系统构建逻辑是：首先，我们导入每个行业的元岗位目录、元岗位说明书、元岗位价值系数、元岗位考核指标库、元岗位能力模型。接着，每家单位在系统上配置组织架构、实际岗位 卢老师

名称、对应的元岗位和工作占比。最后，系统一键生成实际岗位的岗位说明书、岗位价值系数、岗位考核模板和岗位能力模型。

马清波

这可太好了！这会极大提高我们人力资源管理的效率，我们也将迈入人力资源管理数智化的时代啦。

是的。

卢老师

怎样通过元岗位自动生成岗位说明书？

冯莉莉

卢老师，您介绍的基于元岗位的人力资源信息系统我非常感兴趣，我想具体了解一下，这个系统是如何自动生成岗位说明书的？

好的，我给大家介绍一下系统运作逻辑。比如某个单位人力资源部设置了一个绩效培训岗，关联了两个元岗位：绩效管理和教育培训，假设工作占比分别是60%和40%。当我们一键生成岗位说明书时，系统会自动将这两个元岗位的岗位说明书调出来，组合成一个新的岗位说明书。其中的工作量占比会换算成岗位说明书中的职责时间占比。请大家参见投影附图。

卢老师

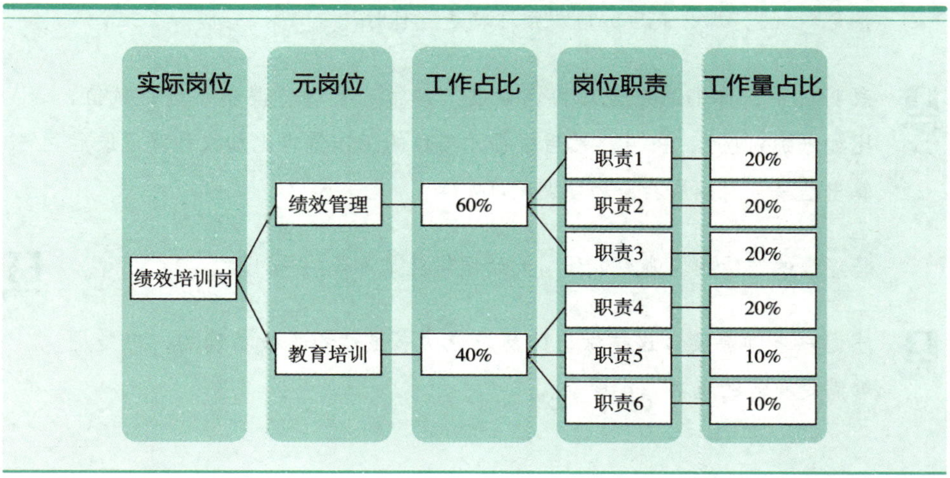

冯莉莉

系统生成的岗位说明书可以修改吧?

卢老师

当然，系统自动生成的岗位说明书是草稿，部门管理者或人力资源部门可以进行修改，生效后就是定稿。如果某个行业的元岗位知识图谱质量比较好，这种方法生成的岗位说明书80%~90%的内容都不需要修改。

冯莉莉

太好了，这样可以减轻我们很大的工作量。

马清波

卢老师，有一个问题，岗位说明书中有一些任职资格的要求，比如最低学历的要求。假设元岗位A的最低学历要求是本科，元岗位B的最低学历要求是大专。请问A和B组合成的C岗位的最低学历要求是什么?

卢老师

我们系统这里做了逻辑判断，自动生成岗位说明书的最低学历要求是本科。如果最低学历要求是大专，元岗位A的学历要求就不能被满足。

马清波

理解。岗位说明书中有内部协调和外部协调的部门及协调频度。系统是如何处理的呢?

卢老师

这个问题很好。我们系统对内部协调和外部协调的部门采取“加和”处理。对于协调频度采用如下算法逻辑：假如元岗位A的协调频度是“经常”、元岗位B的协调频度是“偶尔”，如果A和B两个元岗位的工作量是各50%，那么最后的协调频度就是“有时”。

马清波

我明白了，你们系统是对协调频度“经常、有时、偶尔”进行赋值，比如分别对应3、2、1。然后根据元岗位的工作量占比加权计算，最后算出结果再对应成相应的协调频度?

卢老师

马经理的逻辑推理能力很强。大致逻辑就是如此。

马清波

感谢卢老师夸奖。这样做出的岗位说明书虽然不是最精确的，但是足够满足我们的现实工作场景。

没错！通过系统自动生成的岗位说明书一般还需要部门负责人或人力资源部来修改进行定稿，不过这样的工作量已经少了很多。

卢老师

马清波

嗯，这套系统对元岗位的基础信息要求很高，而且需要不断迭代吧？

这是必须的。元岗位的基础信息是我们在咨询实践中提炼出来的，我们用这套逻辑再生成实际岗位说明书时，发现有缺失的，还会继续完善元岗位的知识图谱。

卢老师

冯莉莉

卢老师这项工作很伟大，让人力资源管理效率大幅提升。我有一个想法，同一个行业的岗位近似度很高，我们在编写岗位说明书时，可否直接拿来直接引用呢？

冯总这个想法很好。我们在系统中建立了各行业典型的岗位说明书库，如果需要自动生成岗位说明书可以直接检索引用，或在此基础上修改。这样修改工作量会更少，甚至不用修改。

卢老师

冯莉莉

太好了！岗位说明书是基础文档，虽然难度不大，但是工作量却不小。卢老师提及的通过元岗位自动生成功能和引用功能都是给我们减负，我们想申请试用你们的元岗位信息系统，可以吗？

当然可以呀，我们下来再联系。

卢老师

怎么通过元岗位自动生成岗位业绩合同？

马清波

卢老师，既然元岗位可以自动生成岗位说明书，是否也可以自动生成一人一表？这也是一个工作量很大的工作。

冯莉莉

嗯，我也很关心这个问题。某种意义上，一人一表比岗位说明书更重要。但是很多部门经理本来就不愿意考核员工，让他写这个一人一表更是万般不愿意。如果系统能自动生成一人一表，那真是给部门经理减负啦。

卢老师：准确地说，元岗位自动生成的不是一人一表，而是岗位考核模板。我们系统的流程是：首先通过元岗位自动生成实际岗位的岗位考核模板；接着做人岗匹配，将人与岗位关联；最后再根据人的具体情况，在岗位业绩合同模板上配置指标目标值，指标的初评人、复评人、终评人等信息，生效后才是一人一表。

冯莉莉：嗯，这个流程是合理的。比如客户经理这个岗位，有很多人在干。系统自动生成的是客户经理的岗位考核模板，具体到每一个客户经理时，指标可能一样，但是目标值就有差别啦。这也是一人一表和一岗一表的区别。

卢老师：没错！

马清波：卢老师，这个岗位考核模板就是我们常说的指标库吗？

卢老师：不完全是。岗位考核模板里面还包含了考核框架。去年我在贵公司辅导绩效管理时，谈到了一人一表的KGB考核框架，还记得吗？

孙鹏程：卢老师，这个我知道。虽然我没有参加现场辅导，但是后来看了你的绩效书籍《其实，绩效管理并不难》，知道了KGB考核框架。K就是KPI关键业绩指标，G是GS关键任务，B是关键行为。我记得对吧？

秦晓芳：没错！我也是看了书籍。尤其是对滚动GS印象很深刻，我记得GS别名叫“搞死”吧？

卢老师：哈哈！看来大家学习能力都很强。KGB是我个人很推崇的考核框架。我们在元岗位上就是配置这个考核框架。这样生成的实际岗位考核模板也是这个框架。请大家看下投影附图。比如实际岗位G是由元岗位Y1和Y2按照60%和40%工作量加权而成，最后岗位G的考核框架结果如图所示。

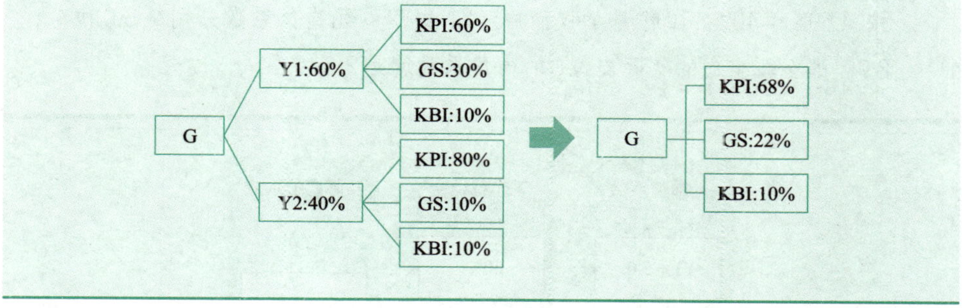

马清波：嗯，这个图看起来一目了然。指标库应该在KGB框架的KPI里面吧？

卢老师：没错！KGB考核框架中，GS和KBI一般都只有权重，具体考核内容是单独定义的。而KPI有具体考核指标。比如上图中，Y1元岗位有3个KPI，Y2元岗位有4个KPI，那么生成的实际岗位G的岗位考核模板中就有7个KPI，权重会根据元岗位的工作量组合以及元岗位配置的<PI权重占比自动换算。

冯莉莉：这个非常好！虽然后期修改一人一表需要花点时间，但是通过元岗位自动生成的功能大幅减少了工作量，帮助管理者和人力资源部减负了。

卢老师：是的。做减法比做加法要容易很多！

怎么通过元岗位自动生成岗位价值系数？

马清波：卢老师，按照前述思路，元岗位应该可以自动生成岗位价值系数吧？

卢老师：没错！马经理举一反三能力很强，您可以说下生成逻辑吗？

马清波：我猜想你们的系统是将岗位价值系数存储到元岗位，然后再通过实际岗位和元岗位的工作量组合关系来生成实际岗位的价值系数？

完全正确！请大家看下投影附图。比如实际岗位G是由元岗位Y1和Y2按照60%和40%的工作量加权而成。Y1和Y2的元岗位系数分别是3.0和2.0，那么新生成的实际岗位G的岗位系数就是2.6。

卢老师

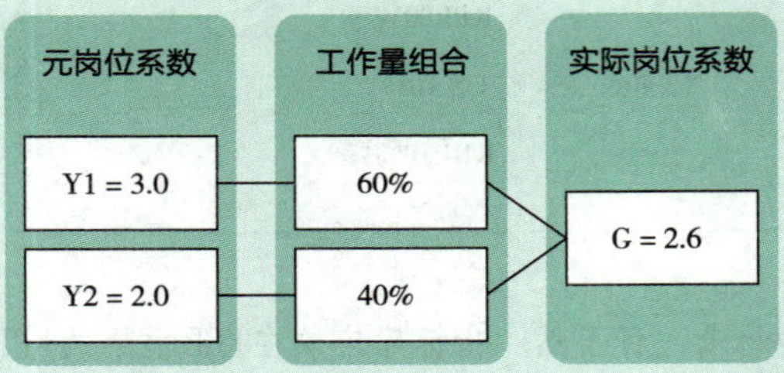

孙鹏程

卢老师，我有一个问题，元岗位的系数是怎么确定的呢？

孙处长问了一个很好的问题。元岗位的系数主要是来自我们咨询项目的积累。比如某一个行业单位我们参与咨询项目后，我们会将实际岗位价值评价的结果拆分到对应行业的元岗位进行存储。

卢老师

孙鹏程

不同行业的元岗位目录和岗位价值系数都是不同的？

当然。

卢老师

孙鹏程

同一个行业、同一个元岗位，在不同单位的岗位价值系数应该都不一样吧？

没错！我们对不同单位的原始岗位价值系数进行处理时，首先要进行归一化，解决可类比的问题。其次，我们在系统中存贮的元岗位价值系数不是一个平均分，而是一个数列，是有分位值的。

卢老师

马清波

卢老师，如果每个元岗位的价值系数是一个数列，那前面我们说的组合计算过程就需要先设定分位值？

是的。比如元岗位Y1、Y2的价值系数的P50分位值分别是3.0和2.0，可

卢老师

能他们的P75分位值分别是3.5和2.5。按照不同分位值组合出来的实际岗位价值系数也有不同。

马清波

嗯，这个有点类似行业薪酬对标？

卢老师

是的。岗位价值系数本来也是薪酬分配的基点。所以通过元岗位系统生成的实际岗位价值系数在某种意义上也代表了行业的薪酬定位。

冯莉莉

卢老师，我有一个想法，既然你们系统能自动生成岗位价值系数，你们公司做的银行咨询项目也多，行业数据积累也很丰富，是否我们单位自己不用再做岗位价值评价，直接引用你们的数据就可以了？因为我们内部组织岗位评价，流程烦琐，一堆的博弈问题。

卢老师

理论上是可以，但我并不建议这样做。现实中，我们还是建议各单位组织一次内部评委参与的岗位价值评价，得到岗位价值系数A；然后再通过我们系统，按照特定分位值（P50或P75）自动生成岗位价值系数B；最后将A和B按照一定的权重（如70%、30%）加权得到岗位价值系数C，报单位领导审批。

冯莉莉

我明白了，卢老师这个建议很好！这样处理后，岗位价值结果既代表了本单位评委的共识，也参考了行业数据，这样岗位价值结果应用起来说服力更强。

卢老师

是的。

冯莉莉

我发现元岗位自动生成岗位价值系数的功能还有一个强大的好处：如果一个单位初始化的岗位价值评价全部结束了，后期要设置新的岗位或对原有的岗位进行组合调整，只要配置新岗位和元岗位的关系，那么新岗位的价值系数就秒出啦？

卢老师

没错！以前没有元岗位系统之前，这种调整我们需要在单位内部召开一个薪酬小组会议来进行类比评审，主观性强，现在既客观又便利。

冯莉莉

嗯，元岗位这项工作很有价值，让我们人力资源管理的智能化程度大为提升，希望我们能尽快合作起来。

卢老师

好的。

马清波

感谢卢老师和各位同人！岗位管理的第一场辅导会结束了。相信大家今天跟我一样收获满满。下一场辅导会的时间是两周后的周六下午，我们不见不散！

（掌声响起，本场辅导会结束。）

【读书笔记】

- 元岗位：不能再拆分的最小岗位单元，构成实际岗位的基础，类似于构成分子的原子。
- 大岗位不是“一人多岗”，而是“一岗多职”。
- 元岗位设置有如下优点：

✓把岗位基础信息存储在元岗位，通过信息系统自动生成新岗位的岗位说明书、岗位价值系数、岗位业绩指标库等。输出的内容更加标准化、质量更高，从而减少人力资源部和业务部门的工作量。

✓通过元岗位设置实现数据穿透管理，从而达到行业岗位编制的精准对标。

✓元岗位作为最小单位，可以根据组织的具体需求和规模进行灵活组合，形成适合不同情况的实际岗位。

- 元岗位根据各行业特点进行细分，构建各行业的元岗位，并按大类、小类进行分类，便于检索，同时加载元岗位的岗位说明书、考核指标库、岗位价值系数、岗位能力模型等，形成行业元岗位的知识图谱。
- 基于元岗位的人力资源信息系统：首先构建行业元岗位的知识图谱；其次将实际岗位与元岗位进行关联；最后通过系统一键生成实际岗位的岗位说明书、岗位价值系数、岗位考核模板和岗位能力模型。基于元岗位的人力资源管理信息化系统，极大地提高了人力资源管理效率，提升了人力资源管理的智能化程度。

第2讲

如何定编？

2.1 **单位总编制如何核定?**

定编跟编办核定的编制是一个概念吗?　定编的基本策略是什么?

单位总编制跟哪些因素有关?　如何做回归分析?　如何做人均效能分析?

如何做对标分析?　如何做业务目标规划?　如何测算人员编制?

2.2 **一线部门人员编制如何核定?**

部门定编和单位定编方法有不同吗?　一线部门回归分析数据模板怎么构建?

一线部门人均效能分析参数怎么设定?　一线部门定编怎么做对标分析?

一线部门定编怎么做动态调整?　一线部门定编多长时间操作一次?

特殊请假人群怎么定编?　新组建一线部门如何定编?

2.3 **职能部门人员编制如何核定?**

职能部门定编难在哪里?　职能部门定编中踩过哪些坑?

职能部门定编的总策略是什么?

职能部门可以用增人不增资、减人不减资的方法吗?

职能部门怎么做初始化定编?　职能部门定编怎么做行业对标?

职能部门三维初始化定编怎么操作?　职能部门的对标数据怎么获取?

怎么处理职能部门的对标数据?　怎么组织领导评价的维度测评?

三维数据怎么汇总?　部门编制怎么跟部门反馈?

2.1 单位总编制如何核定？

故事导入

两周之后，卢老师再次来到糖人通讯，进行岗位管理的第二场辅导会……

本次辅导会将重点讨论人员定编问题。这也是各单位最头大的问题之一，因为每个部门都觉得人不够，希望能增加人。辅导会的会场早就坐满了人。

糖人通讯人力资源部经理马清波主持了会议开场。

定编跟编办核定的编制是一个概念吗？

马清波：欢迎卢老师和各位同人再次莅临糖人通讯！第一场辅导讲到的大岗位和元岗位的概念对我们与会者启发很大，大家受益良多。本场辅导会我们重点讨论一下定编，这也是老大难问题。哪一位朋友先抛砖引玉？

孙鹏程：感谢马经理提供机会，感谢卢老师的辅导。我先来吧！关于定编，我有一个困惑，这里说的编制和我们事业单位上级编办部门核定的编制应该不是一个概念吧？

卢老师：没错！我们的行政事业单位，是有公务员编制和事业编制的说法的。因为编制身份问题比较敏感，所以主管单位都有编办这样的部门来核定编制。今天我们谈的定编是一个广义概念，在人力资源管理中特指人员总量的核定问题。

马清波

我记得卢老师说过，定岗解决“Why”和“What”，定编解决“How many”，定员解决“Who”。

卢老师

是的。今天我们谈的定编就是人员数量核定问题。因为这涉及资源配置问题，所以各家单位的矛盾都很大。

冯莉莉

没错！我们银行里面，各个部门跟我们人力资源部吵得最多的就是两个问题：一个是要钱，一个是要人！哈哈！

秦晓芳

可不是嘛！我们医院也吵得凶。不过好在我们医院将职责分开了，财务科管钱，我们人事科管人。我们的压力可能小点。

孙鹏程

估计压力都不会小。我们大学人事处负责各院系人员编制的核定。这些院系负责人都是高级知识分子，我们跟他们“吵”人员编制问题，那真是要斗智斗勇啊！

马清波

看来各单位都有一本难念的经。卢老师，定编有什么好的方法呢？

卢老师

好的，我们可以从单位总编制核定、业务部门编制核定和职能部门编制核定来分别展开。

马清波

业务部门是指各单位一线部门吧？

卢老师

没错！对于你们企业来说，研发、生产、销售都可以归为业务部门；对于银行来说，分支行就是业务部门；对于医院来说，临床、护理、医技科室就是业务部门；对于大学来说，院系就是业务部门。

冯莉莉

我觉得这里面最难的是职能部门定编吧？

卢老师

没错！一个单位的总编制和业务部门定编都不难，但是职能部门定编难度很大。

冯莉莉

期待卢老师系统地跟我们讲解一下定编的方法论。

好的。我们先从定编的基本策略开始。

卢老师

定编的基本策略是什么？

冯莉莉

卢老师，定编的基本策略是什么？

卢老师

请大家看下投影附图。我们的定编策略概括起来就是：三个维度、六个方向。三个维度是指空间维度、时间维度和对标维度；六个方向就是宏观和微观、过去和未来、内部和外部。

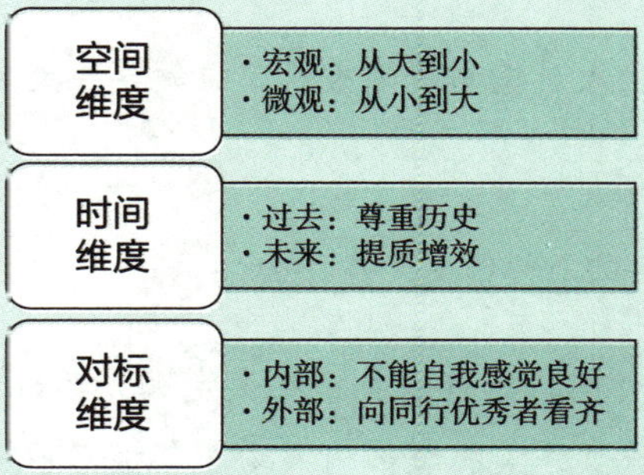

冯莉莉

能否详细展开说明一下？

卢老师

好的。我们先说空间维度的两个方向：宏观方向就是从大到小，微观维度就是从小到大。我们在做一个单位人员编制核定时，会先测算这个单位总体人员编制规划，这就是宏观的测算A。我们也会分别独立测算业务部门的人员总量B和职能部门的人员总量C，这就是微观的测算。大家认为A、B、C会是什么关系呢？

孙鹏程

合理的人员编制规划，应该是A=B+C。

冯莉莉

现实当中，B+C远大于A。

秦晓芳

是的。让各个部门申报编制，加起来的总和肯定是大于A的。

没错！大家可能还是回到了老的定编套路中，让各部门自行申报编制，这样会导致大量空岗位和细岗位，最后总编制肯定会超出的。我们这里的*B*和*C*都是由各单位人事部门按照后续的定编方法主动核定的人员编制成果，而不是各部门自己申报的编制。

卢老师

马清波

那如果这样，*A*与*B*+*C*的总和应该是接近的。

没错，这是一个无限接近的过程，很难做到完全一致。

卢老师

冯莉莉

不一样也没有关系，毕竟人员编制计划是对未来的预测，未来有很多变数，我们的人员编制核定也应该要有弹性空间。

冯总说得非常好！人员编制规划报给单位领导决策时，领导决策也需要有腾挪的空间。

卢老师

马清波

卢老师，定编策略的对标维度是指什么？

对标维度就是进行同行比较。我们在做定编方案时，不要只向内看，还需要往外看。比如，某一个部门人均业务指标不错，每年的复合增长率都很高，可是跟同行一比较，发现人家人均效能水平比我们高了很多，这时就不要沾沾自喜啦，应该发愤图强，追赶行业优秀水平。

卢老师

马清波

嗯，有道理！通过对标得出的人员编制计划说服力强，跟各部门沟通时，也好堵大家的嘴。定编策略的时间维度是指什么？

时间维度是从过去到未来。我们在定编时，要尊重这个单位的历史。比如某一个部门过往几年的人均效能水平相对行业平均水平是低了不少，但要将这个部门的人均效能水平马上提高到行业平均水平，这是有压力的。但是这个部门也不能低效运转，就此躺平，而是要提质增效、提高加速度，追赶行业水平。

卢老师

马清波

如果一个部门的人均效能水平是高于行业水平的，怎么办？

卢老师

那也不能故步自封，以此躺赢而沾沾自喜。别的单位都在加速成长，你原地踏步，不进则退。所以对于先进单位，我们也要进步，当然进步的速度可以慢一点。

马清波

嗯，这套定编策略非常好，既有宏观定编，又有微观定编；既尊重历史，又展望未来；既看内部，更看外部。这样定编结果出来，有理、有据，也有节！

卢老师

没错！

单位总编制跟哪些因素有关？

马清波

一家单位的总编制该怎么核定呢？

卢老师

相对而言，一家单位的总编制是最好核定的。我们通常有一个人员编制的数学模型，请大家参见投影附图。这里的y是指人员编制，而x是影响人员编制y的自变量。

$$y=f(x_1, x_2, x_3)$$

马清波

自变量x是怎么确定的呢？

卢老师

这个需要通过回归分析来确定。一般而言，一家单位的人员总量投入进去后一定是有产出的。比如对于研发生产型企业，有产值、利润等指标；对于销售型企业，有销售额、利润等指标；对于银行，有资产规模、存款、贷款等指标；对于医院，有医疗收入、住院床日数、门急诊人数等指标；对于高校，有培养学生人数等指标。

马清波

我明白了，一个单位的总人数y是投入，成果指标x是产出。因为产出指标x很多，所以我们需要去分析哪一些成果指标x跟人数y更有关联性？

卢老师

没错！数学上我们将这个过程称为相关性分析。一般而言，我们计算每一个指标与人数的相关性，然后选出相关性系数较大的因素作为x变量。

秦晓芳

卢老师，我有一个问题：我们医院行业在配置人员总量时，都会参考床人比指标，就是按照床位数×床人比来配置人数。我们的历史惯例都按照1.6的床人比来配置总人数。我们医院的人数模型是否就是：总人数=1.6×床位数。

卢老师

秦主任这个案例非常好！我们很多行业有一些通用的模型，比如医院的床人比、床护比，航空公司的人机比，学校的师生比等。但这些模型太粗放，我们一般用来做粗略分析，不能作为正式的模型来编制报告。比如你们医院的床人比1.6的标准是出自国家原卫生部1978年的文件，现在过去46年了，医疗技术飞速发展，这些标准怎么能适用呢？

秦晓芳

卢老师对我们医院很熟悉呀。我们对这个问题也是很困惑，虽然我们有国标，可是太久没有更新，时效性确实有问题。比如说，1978年国家还是每周6天工作制，现在执行5天工作制。如果按照同等工作负荷计算，1.6的床人比改成1.9是比较合理的。否则我们一线临床医护人员就要超负荷运转啦。

卢老师

没错！我们很多医院无法完全执行1978年的国标，有些医院会参考医院等级评审标准。即便如此，还是有问题。因为床位数单一指标不符合医院发展新趋势。比如，现在很多医院开展了日间手术，病人不需要住院了，基本不占用床位，但是医院收入在增加，工作量在加大，医护人员必然也要增加。

秦晓芳：卢老师说得太对啦！以床位数预测人员总量确实太粗糙了，因为这里还有床位使用率问题。预测人数时，我们感觉住院床日数比床位数还好用。

卢老师：没错！在医院编制测算时，除了床日数指标，还有门急诊人次、医务收入、手术量等指标。

马清波：卢老师，每个行业产出指标有很多，那怎么构建人员编制的数学模型呢？

卢老师：嗯，这就需要用到三个分析手段。请大家看下投影附图。

回归分析	· 找到相关性强的业务指标X_i · 确定各业务指标的权重W_i
人效分析	· 测算过往年份各项人均业务指标复合增长率 · 预测未来1~3年各项人均业务指标
对标分析	· 跟行业水平对标后确定最终人效指标 · 构建人数和各项业务指标的数学模型

马清波：这三个分析看起来有点复杂，能否展开说明一下？

卢老师：好的，我们下面展开来说。

如何做回归分析?

马清波：卢老师，第一个步骤是回归分析，具体怎么操作呢？

卢老师：回归分析是一种数学处理方法，就是看我们选择的业务指标跟总人数的相关性。

马清波：这个之前我们在学校学过，如果两个变量回归分析的相关性系数R的值超过0.8，就证明这两个变量之间有显著的相关性。

孙鹏程：我补充一下，因为相关性有正相关和负相关，所以我们有时会用到R的平方数R^2来检验，如果R^2大于0.6我们认为两者相关性强。

冯莉莉：我统计学学得不太好，这个相关性怎么计算呢？

孙鹏程：冯总，这个不需要计算。如果是计算两两相关性，Excel表里的CORREL函数就可以搞定。

卢老师：没错！孙处长统计学知识很强大！

马清波：卢老师，孙鹏程是当时我们班同学中统计学学得最好的。

孙鹏程：马经理过奖了，一则个人对统计学很有兴趣，二则现在工作中也会参与一些课题研究，所以后来一直强化这方面的知识。用则进、废则退嘛！

卢老师：非常好！统计学在我们人力资源管理中经常会用到，确实要掌握一些。

冯莉莉：卢老师，可以通过具体数字案例展示一下这个过程吗？

卢老师：请大家看下投影附表。这是某单位4年人数和业务指标关系表。

项目	员工人数/人	销售收入/万元	净利润/万元	产能/万个
2019年	1000	100000	10000	200
2020年	1200	150000	13000	200
2021年	1500	200000	18000	205
2022年	1300	250000	20000	190
R		0.74	0.82	0.19

冯莉莉：我懂了，这个单位跟员工人数相关性最强的是净利润指标。相关性最弱的是产能指标。

孙鹏程：这个单位产能变化不大，但是人数在增加，收入和利润都在增加，说明人数和产能相关性不是很大，但是这个单位行业地位好，产品单价逐年在大幅提升。

卢老师：是的。相关性系数就是让我们找到各种业务变量和人数配置的相关性。

孙鹏程：卢老师，如果有五个业务指标，经过相关性验算后，我们发现其中三个业务指标跟员工人数的相关性强，是否要确定这三个指标的相对权重？

卢老师：是的。这是一个技术活。

马清波：这个权重可否按照相关性系数*R*值来简单换算？比如三个业务指标的*R*值分别是0.85、0.80、0.75，总和是2.4，分别对应的权重就是36%、33%、31%？

孙鹏程：好像不对！

卢老师：是的。马经理这种算法是不对的。因为*R*值是每一个业务指标跟人数的相关性系数，三个*R*值加和是没有逻辑意义的。这里我们需要用到客观赋权法来计算三个指标的权重。

孙鹏程：客观赋权法我听说过，好像计算过程比较复杂。

卢老师：是的。这个属于比较专业的统计学知识，大家可以在网上自行搜索一下。客观赋权法需要经过对各指标进行无量纲化处理、计算两两之间的相关性和相对标准偏差等，通过5~6个步骤才能得出各指标的相对权重。

马清波：嗯，听起来挺科学的。有一个问题，按照这个方法计算的权重是否可能发生*R*值高的反而权重低的情况？

孙鹏程

完全有可能。如果三个指标中的两个指标之间的相关性强，那么这两个指标可能权重都不高，加起来权重可能不低。

孙处长说得没错！

卢老师

冯莉莉

你们说得太专业啦，我们文科生插不上嘴呀！我就一个问题，这些计算过程可以通过计算机来算吗？

当然可以。我们机构研发的人力资源天平系统专门有人员编制核算的模块。只要将一家单位的历年人数和各项业务指标输入进去，我们系统会自动进行回归分析，并用客观赋权法计算各指标的权重。

卢老师

冯莉莉

太好啦，这可以减轻我们人力资源部门大量的工作量。

如何做人均效能分析？

马清波

卢老师，回归分析完成后，接着需要做人均效能分析吧？

是的。人均效能分析就是将我们在回归分析中选择的业务指标，分别除以单位总人数，计算每个指标的人均效能。

卢老师

马清波

能具体说明一下吗？

请大家看下投影附表。我们将上面那个案例表进行转换，去掉了相关性不强的产能指标，计算销售收入和利润的人均效能水平，并计算这4年人均效能指标的复合增长率。

卢老师

项目	人均销售收入/（万元/人）	人均利润/（万元/人）
2019年	100.00	10.00
2020年	125.00	10.83
2021年	133.33	12.00
2022年	192.31	15.38
复合增长率	17.8%	11.4%

马清波

这个复合增长率就是一个银行存款复利的概念吧？

孙鹏程

没错！复合增长率是一个乘方的概念。这个单位人均效能水平增速很厉害。一般单位人均效能指标复合增长率3%~5%就很不错了！

马清波

卢老师，这个人均效能指标和复合增长率如何具体用在定编上呢？

卢老师

一般来说，一个单位过往3~5年人均效能指标的复合增长率代表这家单位的过往业务发展情况，如果没有出现重大变革或经营风险，这个复合增长率可以预测未来1~3年的人均效能水平。

马清波

如果过往几年的人均效能水平是下降的呢，不能继续下降吧？

秦晓芳

马经理说的正好是我们医院的情况。新冠肺炎疫情3年，我们医院各项业务指标都有不同程度下降，但是人没有少，所以人均效能水平基本都是下降的。但是今年业务量明显在恢复，这个预测人均效能该怎么确定呢？

卢老师

秦主任的问题非常好！我们今年给多家医院提供“三定”咨询项目时，都遇到这个问题。这时我们需要对预测人均效能进行参数设定。请大家看下投影附图。我们通常有以下参数设定方法。

往年人均效能的复合增长率再增加$X\%$

往年人均效能的最大值再增加$X\%$

往年人均效能的平均值再增加$X\%$

秦晓芳

这些参数具体怎么选择呢？

卢老师

预测人均效能的参数我们一般默认选第一个：往年人均效能复合增长率再增加$X\%$。比如一个单位某项业务指标A近3年（2020年、2021年和2022年）人均效能复合增长率是5%，如果单位要求进一步提高人均效能水平，再增加1%，那么这项指标未来1～3年我们可以按照5%+1%=6%作为新的人均效能增长率。假如这个单位2022年A指标的人均效能水平是100万/人，那么2023年A指标预测人均效能是100×（1+6%）=106（万/人）；2024年预测人均效能是$100×（1+6\%）^2$=112.36（万/人）。以此类推。

秦晓芳

对于我们医院来说，新冠肺炎疫情3年人均效能水平下降就不能用这个参数了吧？

卢老师

是的。我们会用到第二种或第三种参数设定方法。同时在医院做项目我们会取过往5年的数据，这样可以较好地避免疫情因素的影响。

秦晓芳

嗯，这种处理方法很好！我们医院2023年目前的各项业务指标确实恢复到2019年的水平，有的指标甚至还更高。如果取过往5年的数据，用上述第二种参数设定，我们预测人均效能会达到2019年人均效能水平；如果用第三种参数设定，我们的预测人均效能估计是2019年和2021年的平均值。

孙鹏程

卢老师，以上三种参数设定都是分指标来预测人均效能的吧？

卢老师

没错！按照上述第一种参数设定方法，假如有三个业务指标A、B、C，预测人均效能的复合增长率分别是6%、10%、-1%。我们预测未来1～3年人均效能时，按这三个复合增长率单独核定。

孙鹏程

我懂了。我接着秦主任的医院案例讲，如果按照上述第二种参数设定法，有可能A指标人均效能最大值在2019年，B指标人均效能最大值在2021年，C指标人均效能最大值在2022年？

卢老师

没错！每个指标都是分别核定的。

冯莉莉

嗯，这个也合理。如果某一个指标在过往某一年出现了人均效能最大值，后续肯定要突破这个值呀。这也符合领导们常说的逻辑：没有最好，只有更好！

秦晓芳

嗯嗯，领导要求就是高！

如何做对标分析？

马清波

卢老师，完成了回归分析和人均效能分析，后面就要做对标分析了吧？

卢老师

没错！人均效能分析是根据历史数据对未来做预测，这个预测人均效能不是最终人均效能，而对标分析就是通过行业对标进行修正得到最终人均效能。

马清波

那这个对标分析就很重要啦？

卢老师

没错！我们很多单位非常看重对标分析。比如一个单位人均业务收入100万元，每年复合增长率10%，不要自我感觉太好啦！因为跟同行一比较，发现行业水平50分位值都在人均200万元。我们这个单位有什么可骄傲的资本呢？这个指标是否有较大的提升空间呢？

冯莉莉

对！我们银行领导非常看重对标，也让我们人力资源部经常向同行学习和对标。不比不知道，一比吓一跳。我们各项业务指标的人均效能水平与城商银行相比较还可以；但是跟国有银行一比较，差距大；跟股份制商业银行一比较，差距更大。

秦晓芳

我们医院领导也是这个思路，要跟同行比较。具体怎么对标呢？

卢老师

对标有两种：目标单位对标和行业对标。目标单位对标一般选择3～6家目标单位进行对标分析。通常目标单位跟本单位的管理模式、人员规模、业务体量接近，这样对标才有意义。而行业对标不是对标某几家单位，而是对标所在行业的水平。这个对标精准度取决于行业数据量和代表性，精准度不如目标单位对标，但是行业数据水平具有宏观上的参考意义！

秦晓芳

我懂了。我们医院是市属三甲公立综合医院，如果我们选择目标单位对标，就应该选市属、三甲、公立医院、综合医院、体量规模接近的医院？

卢老师

是的。

秦晓芳

对标数据该怎么获取呢？

卢老师

我们通常采用数据交换的方法。首先设计好要对标的数据模板，将本单位数据填上去，然后空一列让对方单位来填。

冯莉莉

嗯，这个思路好，对方也希望拿到我们的数据。我们开放点，人家才会开放。

卢老师

没错！当然做这个工作前，最好是几个单位的领导进行前期沟通，人力资源部再启动数据交换，这样效率高。最好的办法是领导带队去目标单位参访，带着数据模板过去，请对方填空。

马清波

拿到了对标数据该怎么处理呢？

卢老师

先换算每个对标单位的各项业务指标的人均效能水平；再计算每个指标人均效能的分位值，一般计算P25（25分位值，较低水平）、P50（50分位值，平均水平）、P75（75分位值，较高水平）。

冯莉莉

卢老师，除了目标单位的对标数据，行业数据怎么获取呢？据我了解，行业薪酬数据有很多第三方机构可以提供服务，好像提供人均效能数据的机构并不多。

卢老师

确实是的，目前这一块基本上是空白。我们咨询机构正在做这件事情，因为我们参与的各行业定岗、定编项目比较多，所以我们可以提供部分行业的人均效能数据对标服务。

冯莉莉

你们可以提供某一家具体单位人均效能指标吗？

那不行！我们有数据保密要求。我们不能提供某一个具体单位的人均效能数据，我们提供的是行业人均效能水平的分位值。

卢老师

秦晓芳

卢老师，医院种类较多，有综合医院、专科医院，还有不同等级的医院，你们的行业数据可以按照医院类型、级别提供人均效能对标吗？

可以的。我们建立了一套人员编制信息化工具，就是按照这个逻辑进行数据分类的，结果也是这样输出的。

卢老师

秦晓芳

那太好啦！

马清波

卢老师，假如既有目标单位对标人均效能，又有行业对标人均效能，该如何确定最终人均效能呢？

如果有两类数据，我们会采用加权值。比如目标单位人均效能的P50值占70%权重，行业对标人均效能P50值占30%权重，这样得到混合对标人均效能。

卢老师

马清波

卢老师，基于历史人均效能分析得到预测人均效能和基于行业对标分析得到对标人均效能，怎么来确定最终人均效能呢？

我们会采用取大值的方法。请参见投影附图。

卢老师

最终人均效能＝MAX（预测人均效能，对标人均效能）

马清波

嗯，这种处理方法比较好！这样可以使得我们单位未来的人均效能水平不会低于对标人均效能的设定值，始终保持着先进性。

没错！

卢老师

如何做业务目标规划？

马清波：卢老师，有了最终人均效能后，怎么核算人员编制呢？

卢老师：不急，我们还需要做一项工作：对这个单位进行业务目标规划。

马清波：业务目标规划是否就是我们常说的“十四五”规划？我们公司企管部牵头已经完成了这项工作。

卢老师：没错！我们很多单位有专门的部门，比如企管部、战略规划部等，每五年会牵头做单位的五年规划，跟国家的五年规划同步。一般这种五年规划中，就有这个单位未来五年的业务指标规划，比如利润、收入、产量等。

冯莉莉：我们银行没有这样的部门，但是我们的计划财务部会做业务指标滚动预测，相当于我们也有了。

孙鹏程：我们高校业务指标比较单纯，就是在校学生人数。每年招生计划比较稳定，除非是新开校区或新增学位点。这个通常是我们招生办在负责。

秦晓芳：你们这些单位都还好，都能找到牵头部门，我们医院好像没有部门牵头做这个事情，怎么办？

卢老师：国家推行医院高质量发展，很多医院都纷纷设立了运营部，就包含这个职能。如果你们医院还没有做这个事情，也没有关系，我们可以根据医院历史的数据进行业务目标规划。

秦晓芳：具体怎么做呢？

卢老师：类似前面的人均效能分析。我们统计这个单位过往3～5年业务指标数据，然后统计每个业务指标的复合增长率，通过设定参数得到未来1～3年的业务指标规划。相关参数请参见投影附图。

往年业务指标复合增长率再增加$X\%$

往年业务指标最大值再增加$X\%$

往年业务指标的平均值再增加$X\%$

秦晓芳

我明白了，现在每年的门急诊量一直是上升的趋势，我们得做好人员配置，比如2022年门急诊人次200万，这项指标的复合增长率是5%，按照第一个参数设定，设定再增加比例X=1%，2023年该指标的预测值就是200万×（1+5%+1%）=212万？如果按照第二个算法，假设2022年就是最大值，设定再增加比例X=5%，那么2023年该指标的预测值就是200万×（1+5%）=210万？

卢老师

没错！

秦晓芳

这些业务目标规划可以通过前面说的信息化系统自动计算吧？

卢老师

当然可以。我们在定编系统中专门配置了业务目标自动预算的模块。只要输入历史业务数据，并设置好目标规划参数，系统会自动预算未来1～5年的业务目标规划。

马清波

如果我们公司做了五年规划，直接将业务规划数据录入定编系统中也可以吧？

卢老师

当然可以。我们更主张各单位自己做业务目标规划。因为系统算法出来的结果只是对历史数据的拟合，而各单位可以根据实际情况，做出更精准的目标预测。

如何测算人员编制？

马清波：卢老师，完成了上述准备工作后，我们是否可以测算人员编制啦？

卢老师：是的。请大家参见投影附图。我们测算人员编制的算法是：

$$人员编制=\sum_{i=1}^{n}\frac{目标值}{最终人均效能}\times 权重$$

马清波：我明白了。我总结一下卢老师的方法论，大家看我的理解是否正确。我们先通过回归分析找到一家单位跟人数相关性强的指标，比如A、B、C，并通过前面说的客观赋权法计算这三个指标的权重；其次，我们通过人均效能分析计算三个指标的预测人均效能；再通过对标分析确定三个指标的最终人均效能；接着，对这三个指标进行目标预测，得到三个指标目标预测值；最后用上述公式进行加权计算得到人员编制。具体算法应该是：

$$人员编制=\frac{A目标值}{A人均效能值}\times 权重A+\frac{B目标值}{B人均效能值}\times 权重B$$

$$+\frac{C目标值}{C人均效能值}\times 权重C$$

卢老师：给马经理点赞，理解完全正确！

马清波：过奖啦！这种定编算法还是比较科学的，既尊重了历史数据，又参考了行业对标，而且基于统计学计算人员编制，我觉得是可行的。

孙鹏程：卢老师，我有一个想法，在马经理给出的算法公式中，因为权重和人均效能值已经确定好了，用某个变量的权重除以对应人均效能值就是该变量的系数，目标值可能有不确定性，我们当作变量X，通过换算后是否可以得到如下的数学模型，这样是否可行呢？

$$人员编制=系数A \times X_A + 系数B \times X_B + 系数C \times X_C$$

卢老师：非常好！给孙处长点个大大的赞！孙处长这种方法就是动态定编法。当我们输入业务指标的目标值，就可以计算出对应的人员编制总量。我们在定编信息化系统中专门会给出人员编制的动态函数模型。

冯莉莉：这个动态定编法好！因为业务目标预测是对未来的判断，有很多不确定性，我们可以将一个单位已经发生的业务指标代入动态编制模型，这样可以评估现在的人数配置和理想的人数配置的差距，还可以动态指导我们的人员配置规划。

卢老师：没错！但是要提醒大家的是，这个动态模型的参数至少每年需要重新刷新计算一下。因为动态模型中的系数要根据每年历史人均效能分析和对标分析进行调整。

冯莉莉：嗯，一年算一次，工作量也不大，如果用上你们的信息化定编系统，那会更加便捷。

卢老师：是的。

孙鹏程：卢老师，我有一个疑问，您前面的定编方法是将多变量线性回归问题变成了若干个单变量线性回归，然后进行加权计算。我们在统计方法中，也可以直接用多变量回归，用SPSS软件或MATLAB语言就可以直接生成类似于Y=常数项+系数1×X_1+系数2×X_2+系数3×X_3，这样是否更简单呢？

卢老师：孙处长统计学知识果然强大。这里面的核心问题是：如果只是对过往历史数据进行拟合，用多变量回归更加合理。但是我们之前的人均效能分析和对标分析中，有很多定编参数的设置，比如复合增长率的确定以及行业对标后对最终人均效能的修正等，都会影响我们的定编模型中的系数。所以将多变量回归问题变成多个单变量回归问题会更好管理定编流程。

孙鹏程

我懂了。我们的定编流程中有很多组织的意图要植入其中。在尊重过去历史的同时，还需要进行行业对标，所以需要用更科学的方法来展望未来。

理解完全准确！

卢老师

（辅导会继续进行……）

【读书笔记】

- 定编是核定人员总量，与行政事业单位上级编办部门核定的编制不同。
- 定编的基本策略——三个维度、六个方向：

✓空间维度：宏观与微观；

✓时间维度：过去与未来；

✓对标维度：内部与外部。

- 单位总编制三个分析手段：

✓回归分析：用于确定各项业务指标与总人数的相关性，选择与人数相关性强的业务指标并给出权重。

✓人均效能分析：通过历史数据，分析各项业务指标人均效能水平的增长率，通过人均效能参数确定未来几年的人均效能水平。

✓对标分析：通过与目标单位或行业水平对标，确定最终人均效能水平。

- 人员编制测算的公式是：

$$人员编制=\frac{A目标值}{A人均效能值}\times 权重A+\frac{B目标值}{B人均效能值}\times 权重B+\frac{C目标值}{C人均效能值}\times 权重C$$

2.2 一线部门人员编制如何核定？

故事导入

辅导会继续进行……

一个单位的总编制核定似乎并不是那么难，尤其是卢老师非常细致地介绍了分析建模手段后，加上卢老师介绍的工具，大家都有一种跃跃欲试的感觉。

但是怎么给部门核定人员编制却是一个难点，因为部门定编就意味着博弈的开始……

部门定编和单位定编方法有不同吗？

马清波：卢老师，一个单位的人员总编制核定出来了，怎么将这些编制分拆给各部门呢？

卢老师：嗯，严格地讲，不是分拆的概念。我们前面讲到定编策略时，谈到三个维度、六个方向，其中空间维度有宏观和微观两个方向。宏观就是一个单位总编制，从上到下定编；微观就是从下到上定编，就是部门定编。

马清波：如果部门单独做定编，是否会发生部门编制之和不等于单位总定编的情况？

卢老师：这要分两种情况：第一种情况，如果采用“职能部门编制＝单位总编制－一线部门编制”的方法，就不会出现部门编制之和不等于总编制的情况。比如一家单位总定编是1000人，一线部门定编之和是900人，那么职能部门总编制就是1000-900=100（人）。

马清波

嗯，这个理解。第二种情况是什么呢？

第二种情况，如果一线部门和二线职能部门分开单独定编，就可能出现部门之和不等于单位总编制的情况。比如一线部门定编之和900人，职能部门定编之和是108人，加和是1008人，就不等于前面总编制1000人，这样差值就是8人。

卢老师

冯莉莉

那第二种情况，以哪个编制为准？

如果差别不大，我们通常还是以部门定编数据为准，单位总编制作为宏观管控。如果两者差别大，我们通常会以总编制去调整各部门的编制，直到接近为止。根据我们的方法论，一般差别也不会很大。因为我们对一线部门定编也是采用业务数据定编法，逻辑跟单位核定总编制的模型是一致的。

卢老师

冯莉莉

我理解卢老师说的是将每一个一线部门当作一个单位整体来定编。

没错！比如银行下面有很多分支行，我们将每一个分支行当作一个小银行来定编。医院下面有很多临床科室，我们将每一个科室当作一家小医院来定编。大学下设有很多院系，我们将每一个院系当作一个大学来定编。

卢老师

冯莉莉

明白啦。那职能部门定编怎么弄？这个才是我们最头大的问题。

没错！职能部门定编是一个老大难问题，不能采用前面单位定编时的业务指标法。后续我们会专题讲职能部门定编。

卢老师

冯莉莉

非常期待！

一线部门回归分析数据模板怎么构建?

马清波

卢老师，一线部门定编也是采用单位定编时用到的三个分析手段：回归分析、人均效能分析和对标分析，以此来核算部门编制和建立动态编制模型？

卢老师

没错！方法论完全一样，但在一些细节上有差别。

马清波

愿闻其详！

卢老师

比如回归分析时，要根据每一个一线部门的特点提取其业务参数。因为虽然都是一线部门，还是有生产部门、营销部门、服务部门、操作部门等区别的，无法用一套指标体系去衡量。

秦晓芳

卢老师，每个部门业务指标我们也不熟悉呀，我们也不是这方面的专家，怎么让各部门配合提供数据呢？

冯莉莉

秦主任，部门配合度上我们不用担心。因为这些部门想要加人，那部门负责人就得配合提供数据，证明你有加人的理由。否则，我们不给这些部门加人。

马清波

冯总这招狠！还有一种情况，有的部门因为业务转型等原因，现在人多了，我们希望他们减人，这种情况如何让部门配合呢？

卢老师

好的，我们谈两个方法：一个是访谈法，一个是行业模板法。访谈法就是人力资源部跟这些一线单位负责人进行访谈，问题很简单：单位给你们部门投入这些人力，你们部门的产出是什么？比如医院的内科临床科室，产出通常就是床日数、门诊量、病人数、医务收入等；外科科室要增加手术量这个指标；而产科会有分娩数量这个指标；药学部就会有药品发放数量、处方点评数量等指标。

秦晓芳

哈哈，这个问题挺好！每一个部门设立了，总有其价值输出，如果一个部门无法回答这些问题，那也就没有存在的必要性，也不需要给他们配置人力了。那行业模板法是什么？

行业模板法是我们在很多行业做项目后，了解到行业内关于这些部门的业务指标模板基本是固定的，我们只需要将表格设计好，让各部门提供数据即可。

卢老师

秦晓芳

这个更简便。卢老师做了很多医院项目，这种模板应该很成熟了吧？

没错！我们有很多行业模板，而且将这些模板都通过我们定编信息化系统固化了，每个部门按模板格式提交其业务数据即可。

卢老师

孙鹏程

卢老师这个方法好，通过信息化，不仅可以标准化模板，而且方便各个单位做数据对标。

是的。

卢老师

一线部门人均效能分析参数怎么设定？

马清波

卢老师，拿到了一线部门历年的人数和业务指标后，就需要做回归分析了吧？

没错！一线部门的定编流程跟前面讲到的单位总编制流程一样。回归分析就是找到关键影响变量和定权因子。

卢老师

马清波

嗯，这个懂了。在完成了回归分析后，接着应该做人均效能分析？

没错！流程是一样的。人均效能分析也是要计算部门各业务指标跟人数的比值，并计算历年人均效能的复合增长率。

卢老师

马清波

我记得前面确定单位总编制计算预测人均效能时用到了参数设定。一线部门进行人均效能分析是否也有这个问题？

那是必须的。过去的历史数据在推演未来时，我们需要用参数设定，请参见附图。

卢老师

往年人均效能的复合增长率再增加X%

往年人均效能的最大值再增加X%

往年人均效能的平均值再增加X%

秦晓芳

卢老师，如果一个部门业务指标逐年下滑，其复合增长率可能就是负值，这时就要用后两个参数来设定吧？

是的。

卢老师

秦晓芳

嗯，按照这几个参数设定，一个部门要么做大业务指标提升人均效能水平；要么减少人数来维持业务量减少下的人均效能水平。这是合理的考量。

孙鹏程

卢老师，我有一个问题，如果单位总编制用了第一个参数设定，一线部门核定编制是否应该尽量用第一种参数设定？

没错！孙处长考虑问题很到位。一般单位总编制和一线部门编制尽量选取一样的参数设定。除非以下情况：单位业务指标正增长，但是部门业务指标负增长，单位定编用第一种参数设定，部门定编用第二或第三种参数设定。这里还有一个细节，除了参数设定尽量一致外，参数中额外增加的X值也尽量一致。大家知道为什么吗？

卢老师

马清波

我大概知道。参数一致，X一致，这样单位总体编制和部门编制之和尽可能靠近。

没错！如果逻辑不一致，会出现较大的编制偏差。这个偏差要么体现在职能部门编制中，要么后期需要人为调整一些部门的编制。

卢老师

冯莉莉 嗯，这是对的。一个单位总人数主要集中在一线部门。两者采用一致的逻辑和参数设定，才符合定编逻辑！

一线部门定编怎么做对标分析？

马清波 卢老师，一线部门定编也要做对标分析吧？感觉对标数据获取难度有点大呀？

卢老师 是的。对标分析是定编的一个关键环节，有可能的话，尽量要做这项工作。确实如马经理所述，部门对标数据比单位对标数据要难以获取。我们通常有以下三种方法来解决这个问题：内部对标、兄弟单位对标、行业数据服务。

马清波 内部对标是指什么？

卢老师 我们一些单位内部有很多同质化的一线部门，比如分公司、事业部、经营机构、生产单位、操作单位等，我们将这些同质化的单位进行相互对标，这就是内部对标法。

马清波 我懂了。我们公司在全国有30家分公司，虽然规模有大小差别，但是性质相似，我们可以将这些分公司构成一个对标数据组，计算各项业务指标的人均效能分位值，然后进行对标分析来核算各分公司的编制。

冯莉莉 我们城商银行外地有一级分行，分行下面还有一级支行。我们可以将一级分行构成一个对标数据组，将一级支行构成一个对标数据组。

秦晓芳 我们医院情况复杂些，有完全一样的临床科室，比如呼吸一科、呼吸二科。但是还有一些差别较大的临床科室，比如呼吸内科、消化内科、神经内科等，怎么解决呢？

在一些医院项目中，我们会按大内科、大外科进行内部对标分析。不过医院行业，外部对标数据比较多，我们建议做外部对标。

卢老师

秦晓芳

外部对标就是找其他医院的临床科室进行比较？

是的。而且最好找同类、同级别单位的同类科室进行对标。比如消化内科对消化内科，神经外科对神经外科，等等。

卢老师

冯莉莉

这种外部对标需要进行数据交换吧？不然人家不配合呀？！

是的。一般单位领导间先沟通好，人力资源部门做好数据模板，将本单位业务部门数据填好，请对方单位做一个填充。或者找上级主管单位或行业协会做一些协调。

卢老师

冯莉莉

行业数据服务是指什么呢？

现在市面上有一些咨询机构，也可以提供行业数据服务，只是这样的机构相对于提供薪酬服务的机构要少很多。

卢老师

冯莉莉

卢老师，你们机构应该可以提供行业数据服务吧？

是的。我们咨询公司参与了很多行业定岗、定编项目，所以在某些行业数据积累较多，比如医院、银行、航空、机场、地铁、公交、高速、石油、电信、电力等行业。

卢老师

冯莉莉

太好啦，人员配置也应该和薪酬对标一样进行行业对标，不然我们给出的编制没有说服力呀。有第三方机构数据支持，我们压力也会小很多。

秦晓芳

卢老师，关于对标分析我有一个问题，比如医院的临床科室，不同医院的科室设置可能有所不同，有的医院科室设置很细，有的医院科室设置很粗，怎么进行行业对标呢？

嗯，秦主任这个问题很好！对标分析我们还是强调同等规模、同等级别单位进行对标，这样业务部门设置的一致性程度就很高。当然也会

卢老师

出现不一致的情况，通常在对标分析的数据模板中我们要增加岗位设置信息，请大家参见投影附表。

某医院消化内科人员和业务数据（2022年）			
人员配置		业务数据	
医生总人数/人	26	床位数/张	90
科主任/人	1	床日数/日	33900
主诊医生/人	5	科室收入/元	67735500
副主诊医生/人	6	出院人数/人	6363
消化内科医生/人	14	门急诊人次/人次	83463

孙鹏程

卢老师，我理解对标分析时收集岗位数据是考虑业务部门内部岗位设置不同，导致不能执行完整对标，但是即便如此，各单位岗位设置也是有差异的，怎么解决这个问题呢？

卢老师

前面说的元岗位的价值就出来了。我们在进行行业对标时，其实是将实际岗位分拆到元岗位上，然后通过元岗位进行数据对标，再组合成实际岗位人数，最后组合成部门编制人数。

孙鹏程

呀，这个思路很巧妙！虽然对标单位的部门名称有不同、岗位设置会不同，但是元岗位是稳定的，将对标单位的数据分拆到元岗位，这样就可以实现对标啦。

马清波

我也听懂了，这个思路确实好！先打散，再组装。而且这个方法可以将编制核定到岗位颗粒度。这对于部门来讲，也是重要的参考。

卢老师

是的。管理细致的单位，不仅需要核定部门编制，还要给出部门内部各岗位的编制。

冯莉莉

思路很棒！这个计算过程很复杂吧？

卢老师

是的。我们都是通过定编信息化系统进行计算的。由人来计算，工作量太大啦。

冯莉莉

我们人力资源管理确实需要进入数字化时代，不能还是小米加步枪的时代啦！

完全同意。元岗位是人力资源管理数字化的基础。元岗位可以实现岗位管理的标准化，也方便做信息的存储和数据对标，这是未来的方向。

卢老师

冯莉莉

嗯，理应如此！

一线部门定编怎么做动态调整？

马清波

卢老师，一线部门定编是否跟单位定编一样，也要做业务目标规划？

是的。年初制作各部门初始编制时，我们需要有各部门业务目标规划才能核算各部门人员编制计划。因为人力资源配置是要匹配业务发展的。

卢老师

马清波

各部门业务目标规划谁来做呢？

这要看每个单位的部门分工。比如企业通常是企管部牵头，银行一般是计划财务部牵头，医院通常是运营管理科牵头。

卢老师

马清波

我明白了，这些牵头部门在年初做好业务目标规划后，我们人力资源部将这些目标参数代入我们前面的分析模型，从而核定各部门的人员编制规划。

冯莉莉

卢老师，一线部门定编也可以出动态模型吧？

当然可以。平时我们人力资源部要对部门编制进行动态管理。这时候输出成果就不是具体定编数量，而是每个部门的动态函数模型 $y=f(x_1, x_2, \cdots)$，然后定期对部门编制进行动态评估。

卢老师

冯莉莉

我明白了，这就是编制的动态管理。如果某个部门业务指标完成得不理想，人均效能水平就会下降，说明人员偏多，不说减人，至少不能增加人员。以后这些部门要找我们人力资源部加人，我们就可以拿数据说话了。

是的。

卢老师

秦晓芳

卢老师，有一个问题，一线部门有时因为业务淡旺季不同，会出现人员忙闲不均。比如我们医院门诊部有些科室，有强烈的季节性特征，有时遇到特殊情况，个别科室一天没有几个患者，但是按规定，我们还是要配置坐诊医生。我们也知道人均效能不高，这里是否有好的动态配置方法呢？

有一个好的解决方案就是我们前面说的大部制和大岗位。

卢老师

孙鹏程

我赞成卢老师的观点。如果没有风险和技能覆盖问题，大岗位应该是非常好的解决方案。传统岗位分工太细，就会导致业务量不均衡时不好应对，忙的忙死，闲的闲死，这样人力资源效率起不来。

秦晓芳

嗯，这个方向是对的！我们医院现在对于业务量不是很均匀的科室也在推行大科室制度，门诊我们也新设置了全科医生，效果不错！当然对于我们医院这样的专业机构来讲，需要解决大岗位融合后的技能覆盖问题，这也是一个新的研究课题。

马清波

我们公司为了应对市场变化情况，除了大部制和大岗位之外，也在研究弹性人力资源设置方案。比如到了业务旺季，我们生产线就会有灵活用工或弹性班组方案。

秦晓芳

马经理，什么是弹性班组方案？

马清波

所谓弹性班组，就是我们公司会在公司内部招募一批其他部门的员工，包括职能部门、市场部门等，我们的管培生也都在这个弹性计划中。每年会有定期的培训和上岗实践。一旦到了生产旺季，我们就会启动这些后备力量。

秦晓芳：这个方法好！有点像我们国家的民兵制度，平时练兵，战时用兵。

卢老师：没错！每个单位一线部门受外部环境变化影响，对人力资源的需求波动性较大，所以确实有必要研究大部制和大岗位的设置，并且采用灵活用工、弹性人力资源配置的方案，这样可以让组织的人均效能处于较高的水平。

一线部门定编多长时间操作一次？

冯莉莉：卢老师，一线部门定编多长时间操作一次？

卢老师：一般而言，一年一次。很多单位年初做人力资源规划，会将单位总编制和各部门编制核算一遍。

冯莉莉：如果有的业务部门年中临时需要加人呢？

卢老师：那就随时启动定编流程。由部门提出申请，人力资源部门按照上述流程核算人员编制。

马清波：卢老师，可否将部门最新的业务量代入前面的部门动态编制函数来核算人员编制呢？

卢老师：当然可以。但是这个动态函数最好是当年或近期的，远期的动态函数模型时效性不好，需要重新调整。

秦晓芳：这个计算逻辑倒是不复杂，但是过程挺烦琐。

冯莉莉：秦主任，我建议还是要用信息化系统。由人来计算，效率低还容易出错。

是的。我们开发的定编信息化系统就是来解决这个问题的。初次使用要配置的数据和参数多，后期使用时，历史数据已经存进去，每年只需要更新当年部门人数和业务指标即可。而且行业数据库我们也是每年更新，这样对标分析时都是当期数据。

卢老师

秦晓芳

卢老师，我们医院临床医技科室有四五十个。如果年初做初始化定编，即便用信息化系统，每一个部门跑一遍编制，也很花时间。请问你们定编信息化系统可以批量核算业务部门编制吗？

可以的。批量核算业务部门编制需要事先录入数据，并提前设定同样的人均效能分析和对标分析参数，这样就可以一次性将部门编制核算出来。如果有的部门编制核算需要修改参数，我们可以单独对这个部门调整参数后再核算编制。

卢老师

秦晓芳

太好了，这样定编效率高了很多。我们人事工作也需要转型升级，以前我们跟业务科室讨论编制，经常是“吵架”和博弈，比谁嗓门大，现在需要靠数字化和信息化来“以理服人”！

冯莉莉

秦主任说得太好了，非常赞同！

特殊请假人群怎么定编？

马清波

卢老师，在人员编制核定中，有的部门反馈请长假员工是否需要补充人员编制，这该怎么处理？

秦晓芳

对，这个问题在我们医院很突出。我们医院护士很多，现在放开二胎三胎后，生孩子请假人员很多，所以我们护理部提出是否要适度增加人员编制？

嗯，这些都是定编中各部门反馈的常见问题。对于像突发政策因素导

卢老师

致的出现缺编的情况，我建议可以适度增加实习生，或以借调的方式解决人员短缺问题。如果是每年都会出现的正常概率下的缺编，我并不认为要补充编制。因为我们算法模型中做人均效能分析时，已经考虑了过往的历史数据。不然给了部门编制、招聘新人后，请假的人回到岗位，又多出了人。

秦晓芳

卢老师，对于一线科室，可否适度做一些人员储备？

卢老师

这是可以的。不过每个单位需要提前有一个规划。比如新开机构、扩大生产等原因，需要提前预测业务数据，计算人员招聘和培训的周期，可以适度给予人员编制并进行提前配置。

马清波

卢老师，我们公司有部门提出来，对于长期请假情况，是否可以通过“增人不增资、减人不减资”情况来处理。比如这个部门定编10人，长期请假1人，如果不再增加人来补充，这个人的工作量肯定由其他人来承接，这样将这个人的绩效奖金由他人来分，可以吗？

冯莉莉

这个可能有问题吧。因为请假的人，工资没少给他，绩效奖金可能也会给他一部分，能分给其他人的钱也只能是剩余部分。我记得卢老师在今年初辅导差异化分配时提过，对于一线部门，如果用效益量化模型做一次分配，才可以起到增人不增资、减人不减资的效果。

秦晓芳

我同意冯总的意见。如果这个部门没有做编制核定，10个人本来就不忙，少一个人才是合理的工作量，结果大家还加钱了，导向就不对啦。

卢老师

没错！这里有两种情况，如果这个部门是一线部门，那我们可以通过效益量化模型做一次分配确定绩效工资总额，然后部门内部做二次分配，这样可以起到“增人不增资、减人不减资”的作用。如果是职能部门，我们必须先做初始化定编，然后通过人员结构模型做一次分配，也可以起到“增人不增资、减人不减资”的效果。如果以部门现有人数为基准做一次分配是不合理的。

冯莉莉：不过，职能部门初始化定编可是有一定难度呀！

卢老师：是的。后面我们专题来介绍。

新组建一线部门如何定编？

冯莉莉：卢老师，上面讲述的一线部门定编的方法都是针对成熟单位核定人员编制的，新组建的一线部门该如何定编呢？

秦晓芳：嗯，冯总说的情况我们医院出现很多。我们医院今年要新开一个院区，新增500个床位，这个人员编制该如何配置呢？

卢老师：新组建的一线部门在定编时首先要满足最低配置。比如银行的网点服务岗位，根据我们业务运营最低配置原则，我们可以确定一个基本数量，根据业务量的情况再增配人员。对于医院，病房因为需要上夜班，我们需要考虑倒班的最低人力资源配置，等等。

马清波：卢老师，新组建单位业务量不好预测，是否要考虑前面说的大岗位设置？

卢老师：没错！大岗位的优点是对业务变化适应性比较好。但是考虑到安全、合规和风险防范的问题，有些岗位必须分离。

马清波：所以新组建的一线部门人力资源配置的原则是支持业务开展起来，人员效率倒是其次啦？

卢老师：是的。但是开始配置人力资源时，还是要按照从紧原则。前面放开了后面不好收。

秦晓芳：我同意。我们医院考虑专业特点，为新院区配置的人员要提前培养、储备，这个人均效能水平可能会更低吧？

卢老师

这是完全可能的。不过一般开新院区，通常是新旧搭配，过渡期过去之后，就可以重新按前面讲到的业务指标定编法确定人员编制。另外，新开院区业务也是逐步增加的，所以我们的人力资源配置也不是一步到位的。这需要我们人力资源部门和运营规划部门做较好的沟通。

秦晓芳

明白啦！

马清波

卢老师，各位同人，我们先中场休息一下。今天下午辅导的定编数据模型很多，我估计很多朋友脑袋转不过来啦。我们糖心俱乐部给大家准备了一些茶歇，大家补充一点能量，我们下半场见！

（辅导会中场休息……）

【读书笔记】

- 部门定编与单位定编的区别：部门定编是从下到上的过程，而单位定编则是从上到下的过程。
- 部门定编的方法：一线部门定编采用与单位定编相同的业务数据定编法，这样逻辑才一致。
- 为避免部门设置的差异，在行业对标时，需要将实际岗位分拆到元岗位上，通过元岗位进行数据对标。
- 一线部门通过效益量化模型做一次分配确定绩效工资总额，然后部门内部做二次分配，可以起到“增人不增资、减人不减资”的作用。职能部门，先做初始化定编，然后通过人员结构模型做一次分配，也可以起到“增人不增资、减人不减资”的效果。
- 新组建一线部门的定编：首先要满足最低配置，初始要尽量考虑大岗位设置，按照从紧原则配置人力。

2.3 职能部门人员编制如何核定？

故事导入

中场休息的时候，大家讨论最多的不是单位总编制，也不是一线部门定编。因为这些毕竟有很多维度的数据支持，方法论相对比较客观。大家最困惑的还是职能部门定编。

休息一结束，城商银行总行人力资源部总经理冯莉莉迫不及待地提出了她的困惑……

职能部门定编难在哪里？

冯莉莉：卢老师，下半场我们要重点谈职能部门的定编吧？这块儿问题可是太多、太多啦！我一直期待这一刻！

秦晓芳：是啊，昨天我们医院一个行政后勤科室主任还在我办公室说了半天要加人。可是我观察他们科室并没有那么忙。

孙鹏程：确实，职能部门定编比单位总编制和一线部门定编要难很多。前面我们讲到的定编方法可以用回归分析、人均效能分析和数据对标等多种手段，但是职能部门定编没有太多数据来支持呀。

马清波：没错！而且职能部门之间差异很大，不像一线部门同质化程度高，定编起来难度很大。

大家说得很到位。职能部门定编比一线部门定编要难很多，这也是很多人力资源同行特别头大的问题。除了上述问题外，职能部门定编还涉及组织架构的定位问题。

卢老师

马清波

哦，愿闻其详！

如果一个企业集团业务多元化，集团职能部门主要是管战略、管干部、管工资总额，那么集团职能部门不用配置太多人。职能部门人数主要集中在二级公司或下属小集团的机关。而如果一个集团公司是专业化的产业集团，那么其集团职能部门人数可能就比较多，因为很多工作都在上面管，所以人也在上面。

卢老师

冯莉莉

嗯，确实如此！我们曾经去一家国有银行的北京分行学习。当时他们人力资源部配置了60个人，让我们很惊讶也很羡慕：人力资源部居然有这么多人？！因为他们总行人力资源部也就60人。后面他们解释是因为他们分行几任领导都是高度扁平化管理模式，一级分行直接管理二级支行，原来一级管辖支行全部撤掉，结果原来支行做人力资源的同事全部集中到分行，所以分行人力资源部人就很多。后来听说他们换领导搞改革，重新设立一级管辖支行，现在分行人力资源部只有30个人，但是加上一级支行做人力资源的员工，已经超过80个人了。你说分行人力资源部究竟是60个人有效率还是30个人有效率？这取决于管理模式。

秦晓芳

冯总这个案例很有启发性。职能部门定编确实难，还涉及员工的技能问题。之前我们人事科做过一个行政后勤科室定编方案，一个科室10个人，我们定编8个人，结果跟这个科室主任沟通时，他说定编8个人他认同，即使7个编制，他也认同。他只有一个要求，能否让他来选择这七八个人！他说科室这些人都不是他选的，老弱病残、关系户不少。他说的是实情，我无语啦……

孙鹏程

哈哈！秦主任说的情况哪里都有。七八个能干的人怎么不能干出一般般的10个人干的活？

马清波

嗯，完全同意。职能部门编制难还跟做事的深浅程度有关。职能管理的工作做深有做深的做法，做浅有做浅的方法。这取决于职能部门负责人的工作要求。有的部门负责人比较佛系，差不多就可以，别捅娄子就行。而有的部门负责人属于“三要”型领导：既要、又要、还要。

冯莉莉

哈哈！马经理说的确实如此。以前我的领导就是这种类型，对下属要求很高，当然员工成长得也快！

卢老师

嗯，大家关于职能部门定编难点问题总结得很好。我再补充一条，职能部门定编还跟职能部门职责履职程度有关：越位还是缺位。不干的活干了，那是越位；该干的活没有干，那是缺位。职能部门越位比缺位更麻烦。缺位可以通过内部协调开会快速补位；而一旦越位，就不是做事而是“造事”啦！

马清波

卢老师说得非常好！有一次我们公司领导批评我们职能部门，没事少折腾一线基层单位，统计个数据、搞个问卷调查等，总部一个通知下去，底下基层单位一堆人陪着在忙。看上去总部职能部门的人是高效率，结果导致了整个组织的低效率。

冯莉莉

哈哈，这个问题很深刻。有时候职能部门“效率”低点，可能还是一件好事情。

卢老师

大家总结的职能部门定编的难点都非常好，所以说职能部门定编是一个世界性难题，比一线部门定编要难很多。

马清波

那怎么突破这个难题呢？

卢老师

下面我们来详细说明一下。

职能部门定编中踩过哪些坑？

卢老师：在我介绍职能部门定编方法之前，我想请问各位，你们单位在职能部门定编中踩过哪些坑？

冯莉莉：我先来说吧。我们银行曾经用过先定岗、再定编的方法确定职能部门编制。结果编制是不减反增。

秦晓芳：上一次辅导定岗中，听冯总讲过这个案例，很有同感。如果先定岗、再定编，各部门就会报出一堆的空岗位和细岗位，将坑挖好了，等萝卜来填。这样编制是控制不下来的。

卢老师：没错！一线部门先定岗、再定编是对的。但是职能部门一定要先定编、再定岗，必须反着干。这也是我们做了很多咨询项目后得出的结论。如果先定岗、再定编，编制往往控制不下来。而先定编、再定岗，就可以有效控制职能部门编制，而且可以倒逼各部门设置大岗位！

孙鹏程：我也赞同这个思路。我也来说一个职能部门定编中常见的“坑”。有一年我们大学领导让我们人事处牵头做职能处室的定岗、定编，我们当时启动了工作写实：让每一个职能处室的员工写每天的工作日志，早上8点半上班，下午5点下班，每天干了什么事，每件事情花了多少时间。结果让我们人事处掉入了一个大大的坑里面，出不来啦！

秦晓芳：哈哈，我们医院行政后勤科室之前也干过这事！员工工作写实写得密密麻麻的，我们根本无法核定他写得对不对呀。你说我们人事科的同事即便轮岗一两个职能科室，也不可能将十几个职能科室都面面俱到呀。我们也不是他这个专业的，业余的肯定说不过专业的呀？！

冯莉莉：确实如此，工作写实的水分太大，1个小时的工作，员工恨不得写3个小时。员工也不傻，知道工作写实的目的是核定工作量。关键你还无法有效核定。你要是跟这个部门的负责人提出质疑，他马上反驳回来，你懂我们业务吗？！

卢老师

大家说得没错！职能部门采用工作写实来核定人员编制不是一个有效的方法，我们早年定编的咨询项目用过这个方法，后来发现后续博弈太多无法落地。后来在职能部门定编咨询项目中，宏观上我们不会用这个方法，微观上针对个别部门、个别岗位会用。而且这种工作写实一般是我们咨询顾问老师跟岗位的员工，和部门负责人沟通后得出的写实结果，比让员工个人写，会可靠很多。

马清波

卢老师，各位同行，如果用加班统计数据来核定职能部门定编，你们怎么看呢？

冯莉莉

马经理，你们用这个方法来核定职能部门编制吗？

马清波

那倒不是，我们是用这个方法来控制人员编制。我们集团总经理有一次加班，发现职能部门办公室的灯基本都是黑的，而各个部门都还说人不够，申请要加人。我们领导就很生气，让我们人力资源部统计一下各个职能部门平均加班时长，然后用这个加班统计数据来决定是否给部门加人。

冯莉莉

嗯，我们银行的行长也是这个观点。他认为职能部门应该有适度的加班，确实工作满负荷了，才考虑加人。但是这种通过加班数据来控制人员编制应该有副作用吧？

马清波

可不是嘛！各个部门都发现领导这个思路后，就开始人为制造加班、安排员工轮流加班、跟着领导一起加班。部门间也是“卷”得不行！员工也是怨声载道。大家都在演戏，用这个方法来控制人员编制也就没有效果啦。

卢老师

是的。用加班统计这种方法来控制人员编制，偶尔用一下是有效果的，长期用肯定会失效。所以我们还是需要研究更好的方法。

职能部门定编的总策略是什么？

马清波

卢老师，职能部门用传统的方法基本都失效了，还有什么好的方法吗？

卢老师

好的，下面系统介绍一下我们这几年研究的新方法，可能也不完美，但是在很多行业应用下来，效果还是不错的。总体策略请大家看下投影附图。

边瘦身 边健体	先止血 后活血
小机关 大岗位	先定编 再定岗

马清波

卢老师总结的这些口诀朗朗上口呀！后面两句话“小机关大岗位、先定编再定岗”我们已经理解啦，前面两句话怎么理解呢？

卢老师

好的。我们先说第一句话：边瘦身、边健体。我们很多单位对于瘦身健体的认识是不准确的，如果职能部门只瘦身、不健体，瘦身的效果往往保不住，最后人员总量一定会反弹。

冯莉莉

可不是吗！我们银行做了好几轮总行职能部室的定岗、定编，每次都像搞运动一样，轰轰烈烈，总行的人是减少了，可是一段时间之后，人又回流了，似乎还比以前更多啦！

孙鹏程

冯总，我大概知道你们职能部门人员回流的路径：先借调，再实调！

马清波

哈哈，看来大家的套路都一样！总部职能部门人不够，就找基层单位借调人员，现在换了个新名词：跟班学习！过几年等风头一过，有些部门负责人想各种理由将借调的人员正式调到职能部门。

冯莉莉

是啊！所以我们领导就发现，几年前不是“砍过”职能部门人员编制了吗？怎么人又多起来了？不行再“砍”一刀！人少了，过几年又回来啦，就像轮回一样。

卢老师

大家都说得很形象！这就是问题所在。如果职能部门只是单纯瘦身，不做健体动作，是很容易反弹的。问大家一个问题，各位朋友有在减肥的吗？

秦晓芳

嗯嗯，我们一直在努力。以前减肥，以为少吃点就能减肥，结果确实体重轻了，但是没有忍住又给吃回来啦。后来请教我们医院的营养科医生，核心还是代谢问题。

卢老师

没错！人到中年，代谢一定会减慢。一个组织到了中年，活力一定会不足。这是由生物学特性决定的。所以职能部门不仅要瘦身，更需要健体。

秦晓芳

瘦身是要控制人员编制，那健体是指什么呢？

卢老师

健体就是要上考核分配手段。核心就是我的第二本书《要想挣钱，先学会分钱》中提到的“以岗定薪、按绩取酬”。

秦晓芳

我看过卢老师的书，这就是卢老师书中反复强调的差异化分配的八字真经？

卢老师

没错！“以岗定薪”就是要通过岗位评价，将一、二线岗位的价值拉开适度差距。否则一、二线的薪酬差距不大，大家还是会往二线机关走。

冯莉莉

这个观点我非常认同。我们银行领导也一直提倡薪酬要往一线员工倾斜。以前同样层级，一线比二线薪酬多了20%～30%。即便如此，大家还是愿意往二线机关来，毕竟一线压力大呀。大家宁愿少拿20%的钱，机关的吸引力还是大。后来我们将一、二线差距拉到50%，这个回流的势头明显减缓。

马清波

我补充一点。职能部门一定要将全员绩效考核做起来，每个人都要有一人一表，也就是绩效合同或目标任务书。我们以前的总部职能部门考核基本形同虚设，大家也没有紧张感，另外钱也没有少到哪里去，所以大家都愿意往机关走。去年在卢老师辅导下，我们全员绩效管理体系运行起来，总部的作风和效率也改变了很多。

卢老师

没错！职能部门除了做好定岗、定编外，还要启动差异化的考核分配策略，这就是健体动作。

冯莉莉

完全赞同！卢老师，请问一下职能部门定编总策略中第二句话“先止血、后活血”怎么讲？

卢老师

止血就是要控制人员总编制，尤其是职能部门要严格控制编制。但是人少不等于没有活力，所以止血后要有活血机制，这就是我们前面说的差异化的考核分配策略。

秦晓芳

这个我很有体会。我们以前的院长对行政后勤人员编制控制很严格，因为没有科学手段来定编，所以只能采用“走一个、进一个”的策略，机关总体人员编制是控制了，但是部门编制的合理性没有研究，有的部门人浮于事，有的部门确实需要增加人。忙闲不均现象非常突出。而且机关人员效能也不高。看来瘦身健体要一起上手段！

卢老师

是的。我们还是拿个人健身举例子。有的人体重并没有超标，但是身材不匀称，该瘦的没有瘦，该胖的没有胖。所以我们做职能部门的定岗、定编，不仅要解决职能部门总编制问题，还要解决每个职能部门的编制合理性问题。

冯莉莉

卢老师总结得太好啦，通俗易懂！

职能部门可以用增人不增资、减人不减资的方法吗？

马清波：卢老师，职能部门的定编工作怎样才能达到瘦身健体的效果呢？

卢老师：这里我介绍一个职能部门瘦身健体的路径图，请大家看下投影附图。

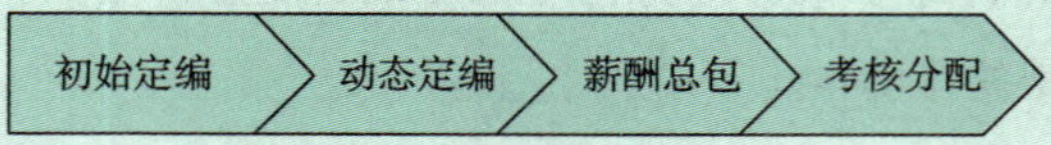

马清波：第一步是做初始定编，就是对各职能部门要进行编制的初始核定。第二步动态定编是指什么？

卢老师：初始定编是某一个时点上的定编，动态定编就是根据单位运营情况做编制动态调整。

马清波：动态定编也会带来很大博弈和争吵吧？

卢老师：会的，相对而言，初始定编难度更大，因为要对原有部门人员编制配置不合理做一次RESET（重置）工作，这会引发更大的矛盾。而动态定编是在相对合理的初始定编情况下，因为部门的一些业务变化或政策导致的人员编制的调整，一般是个别的和零星的。我们采取的策略是“谁主张、谁举证”的原则。

冯莉莉：卢老师，如果一个部门初始定编是10人，后期这个部门要申请增加一个人，部门来举证，我们人力资源部门怎样进行核定呢？

卢老师：一般通过职能支撑比对标分析、业务量对比分析、加班效率统计情况进行判断。职能支撑比后面我们谈到初始化定编时重点介绍。业务量对比是要跟初始定编的时点进行比较，业务量增加了多少？是否有加班？加班时长多少？等等。一般而言，平时各部门申请的动态定编原则上不会被审批通过。除非领导班子会议特批。根据我们的经验，领导一般也不会轻易审批。因为初始化定编花费时间和精力都比较多，领导班子也达成了共识，如果过程中每个部门都要申请增加编制，轻易也获批了，那初始化定编不就没有意义了吗？

冯莉莉

确实，看来初始化定编才是关键点？

当然！

卢老师

秦晓芳

卢老师，如果这个部门有人离职或调动，是否可以增加人？

增加编制和增加人是两个概念。走了一个人，再进一个人，编制没有变化。

卢老师

秦晓芳

如果有人长期不在，比如长期病假或产假，可以动态增加编制吗？

编制还是不能增加，人可以考虑增加，这也取决于各单位的做法。比如有的单位采取借调来解决临时人员缺口，有的单位让其他在岗员工分摊工作量，有的单位采取薪酬包概念。

卢老师

孙鹏程

卢老师，薪酬包就是“增人不增资、减人不减资”吧？

是的。一般我们采取“固浮分离”的模式做薪酬包管控。固定工资包（基本工资）跟人头走，浮动工资包（绩效工资）跟编制走。比如一个部门现有人数10个人，初始定编是8个人。基本工资按人头来发，绩效工资按编制来配置。假设这个部门通过提高工作效率，分摊工作任务，只有7个人了，我们也会配置8个人的绩效工资。

卢老师

孙鹏程

嗯，这个方法好，通过薪酬杠杆可以倒逼各部门控制人员编制。这也印证了卢老师前面说的“345”理念：3个员工、拿4个人钱、干5个人的活！

秦晓芳

对，我们院长就喜欢用这个方法。有一次我们医院财务科下面有个二级科室收费处，喊了多次要增加两个人员编制，我们院长一直不同意。

因为我们医院在进行互联网升级，以后收费员逐步会减少。我们院长担心人进来了，不好出去，收费员岗位也不好调岗，会逐步变成组织的沉没成本，所以一直没有同意给收费处加人。

冯莉莉

你们院长还是很厉害的，高瞻远瞩！我们很多单位都有不少的沉没成本。这些人不干活发点钱还是小问题，关键这些人无事生非，不干事还老挑事。你们院长后来怎么处理的呢？

秦晓芳

看来大家的问题都差不多！因为我们医院在信息化系统改造升级的过渡期，确实有增加收费员的合理需求的。后来我们院长就想了一个办法，让我们绩效办在过渡期给收费处多发两个人的绩效奖金，但是不增加编制，也不增加人员，多发的绩效奖金可以在科室内部进行二次分配。收费处主任很高兴，他通过优化收费员的排班来满足业务量的增加，虽然员工工作时长增加了，但是员工收入增加，员工也高兴。院长也高兴，因为医院看上去投了2个人的奖金，却减少了2个人对应的70%的人工成本。

冯莉莉

秦主任，您这笔账怎么算的呀？

秦晓芳

假如新招一个员工每年固定薪酬6万元，奖金按固定薪酬的50%为3万元。组织为这个员工投入的人工成本，至少是员工固定薪酬的1.7倍，就是10.2万元。看上去为一个员工投入3万元奖金，实际上却减少了7.2万元人工成本，不是差不多减少70%吗？

冯莉莉

确实如此。我们很多干部和员工缺少人工成本的概念。看上去一个员工薪酬拿到手10万元，实际上我们单位付出的人工成本肯定不少于17万元。所以宁可少用人，让每个员工实际所得多点，这样这个组织整体成本还低。大家都高兴！这就是双赢嘛！

马清波

我有一个问题请教一下卢老师和各位同行：可否不做初始化定编，直接用部门现有人数做薪酬包管控可以吗？因为职能部门初始化定编太难了！

孙鹏程

马经理，这个可不行，因为这会让老实人吃亏！

卢老师

没错！比如A、B两个部门都是10个人，A部门领导特别会演戏，人员储备多，B部门领导老实巴交的，只会干活，不怎么说话。这两个部门各减一个人，对A部门容易，对B部门是有难度的。

马清波

确实有这个问题。看来还是要先做初始化定编，先将编制合理化，再加上薪酬包的杠杆，才是合理的路径。

卢老师

没错！

职能部门怎么做初始化定编？

冯莉莉

卢老师，职能部门怎么做初始化定编呢？这可是难点的难点呀？

卢老师

是的。职能部门做初始化定编我们建议采取先宏观、再微观的原则。先做职能部门总编制，再做各部门分编制。

冯莉莉

我懂了，就是卢老师前面说的减肥案例。先看人的总体重是否超标，再看各部位结构是否合理。那职能部门总编制怎么匡算呢？

卢老师

职能部门总编制匡算我们有两个算法，请大家参见投影附图。

算法1：职能部门总编制=（单位总编制）－（一线部门总编制）+【约束条件】
算法2：职能部门总编制= MIN（本单位支撑比，行业支撑比）×单位人数

冯莉莉

第一个算法容易理解，但是比较复杂，需要核定单位的总编制和一线部门的编制，然后做减法？

是的。一个单位的总人数是由一线部门和二线部门组成的。前面我们说过，单位总人数核定不难，一线部门核定编制也不难，那么做减法，就是职能部门总编制。这个方法相对科学，但是工作量较大。

卢老师

孙鹏程

卢老师，第一个算法中的约束条件是什么？

第一个算法的约束条件是：职能部门的编制增加比例不能高于一线部门的人员增加比例。请大家看下投影附表。

卢老师

项目	总人数	一线部门总人数	职能部门总人数
现有人数/人	1100	1000	100
测算编制/人	1200	1080	120
增长率/%	9	8	20
实际编制/人	1188	1080	108

孙鹏程

卢老师可否解释下这张表的计算过程？

好的。第一步，我们用前面讲的业务定编法，计算单位总编制假设为1200人，一线部门总编制假设为1080人，那么职能部门总人数就是1200−1080=120（人）。第二步，我们计算人员增长率，一线部门人数增长了8%，而职能部门人数增长了20%，超过了一线部门人数增长率，需要调低增长率到8%。那么职能部门人员编制核定为108人。第三步，再调整单位总编制为1080+108=1188（人）。

卢老师

孙鹏程

那单位的总编制实际小于前面核定的1200人？

是的。单位总编制是宏观定编，不能超过这个数据，实际核算编制小于这个数据是可以的。

卢老师

马清波

卢老师，如果在这个案例中，单位总编制还是1200人，一线部门定编总数是1150人，那职能总编制只有1200−1150=50（人），岂不是职能部门要分流50%的人？

卢老师

一般不会出现这种情况。我们前面用业务定编法核算编制时，通常单位总编制和一线部门总编制用相似的定编参数设置，两者的增长率不会偏差很大，比如我给的数据案例中，总人数增加9%，一线部门人数增加8%，两者差别不大。而如果像马经理说的数据推演，单位总编制增加9%，而一线部门编制增加15%，显然两者的定编参数逻辑有很大差异。这种差异靠职能部门定编显然是消化不了的。

马清波

我明白了。这个方法论还是很科学的，加上这个约束条件就是为了防止职能部门人数过快增长，确实应该这样。

职能部门定编怎么做行业对标？

秦晓芳

卢老师，假如我们不做一线部门定编，直接做职能部门定编，是否要用到第二个算法？这里的支撑比是什么概念呢？

卢老师

没错！职能支撑比是职能部门总人数除以单位总人数。假如一个单位总人数是1000人，职能部门总人数是100人，那么这个单位的职能支撑比是10%。换言之，100个人支撑了1000个人。

秦晓芳

我懂了。按这个算法，我们医院的职能支撑比达到了15%。卢老师对我们医院行业非常熟悉，根据您的经验，我们这个职能支撑比在行业是什么水平呢？

卢老师

为秦主任点赞；开始运用行业对标思维了！在回答这个问题之前，我们先澄清一个概念：职能支撑比分位值越高，说明职能效率越低；职能支撑比分位值越低，说明职能效率越高。

秦晓芳

哦，看来职能支撑比的分位值和薪酬分位值正好是相反的。薪酬的75分位值说明薪酬水平较高，25分位值说明薪酬水平较低。

是的。我们再来回答秦主任前面的问题。根据我们参与的医院定编项目，和你们同类等级的三甲综合医院，职能支撑比50分位值水平在10%～12%左右，25分位值在8%左右。你们职能支撑比15%大约在75分位值水平。

卢老师

秦晓芳

我懂了。说明我们医院行政后勤的总人数相对于行业水平偏多了。可是即便如此，我们上次调研时，70%的行政后勤科室的主任还说人不够，要增加人。哎，您说这不奇怪吗？！

冯莉莉

秦主任别叹气，您说的情况我们银行一样有。这反映出一些职能部门的负责人有很大的认知差异。

是的。所以我们说定编时要进行行业对标就是这个原因。每个单位、每个部门都有增加编制的合理理由，但是外面的世界很精彩，跟行业优秀单位一比较，就会发现我们的不足，从而挖掘出改进的空间。

卢老师

秦晓芳

嗯，我非常赞同。有时我们觉得我们医院行政后勤人员确实多，可是又无法说服这些科室不增加人员，行业对标提供了很好的佐证。那如果用算法二，怎么来确定一个单位的职能总人数呢？

第一步，需要单位领导先确定对标单位。比如你们选取了5家优秀医院作为对标单位，获取职能总人数和单位总人数后，要分别计算5家单位的职能支撑比，并计算职能支撑比的25、50、75分位值水平。第二步，单位领导确定我们采用什么对标策略：平均效率（50分位值）还是领先效率（25分位值）。第三步，将我们的职能支撑比跟行业对标后取最小值。假设你们领导选了行业水平50分位值的支撑比是12%，你们的现状是15%，取最小值就是12%，那就是说你们的职能总人数占比要减少3个百分点。

卢老师

秦晓芳

呀，这个定编压力还是有点大。有没有可能我们在12%和15%之间选择一个比例？

当然可以。这时候可以不用最小值算法，采用加权算法。职能支撑比＝本单位支撑比 ×50%+ 行业支撑比 P50×50%=15%×0.5+12%×50%=13.5%，你们的职能支撑比需要减少 1.5%。

卢老师

秦晓芳

嗯，这个相对比较合理。行政后勤总人数确实多了，但是短期达到行业平均效率水平有难度，但是这是努力的方向，可以逐步来。

没错，改革还是要稳中求进！

卢老师

职能部门三维初始化定编怎么操作？

冯莉莉

卢老师，假如按照前面的算法，职能部门总人数要减 10%，这个数据怎么分解到各个部门呢？每个职能部门都减 10% 的人数？

这种一刀切的办法属于运动型定编，是不可取的。我们认为合理的定编应该是差异化的。有的职能部门处于转型期，可能要加人；有的部门人浮于事，不是减 10%，而是减 20%；有的部门可能减 5%。

卢老师

冯莉莉

我非常赞同卢老师的观点，合理的定编应该实事求是。不过，领导们倒是喜欢搞运动型定编，一刀切下去干脆利落。

马清波

看上去干脆利落，但其实没有解决问题。因为部门编制的合理性没有去深究，最后只是将问题掩盖啦。问题还是问题，这不就是鸵鸟效应嘛！

马经理说得没错！我们做职能部门的定编不光是确定职能部门总人数，还要确定每一个部门合理的编制。

卢老师

马清波

不过对各部门做差异化的初始定编难度还是很大的，卢老师有什么高招吗？

这里重点介绍一下我们做项目中采用的三维初始化定编方法。请大家看下投影附图。

卢老师

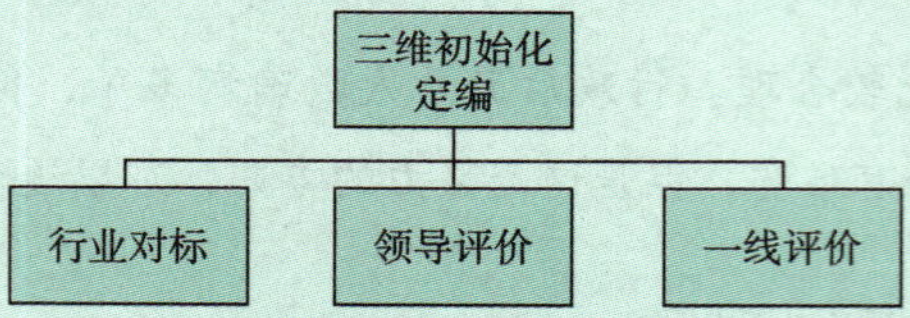

孙鹏程

哦，原来三维是指三个维度：行业对标、领导评价和一线评价。行业对标好理解，后两个维度怎么讲？

职能部门在单位里面有两个服务对象，一个服务对象是单位领导，另一个服务对象是一线部门。我们从两个内部客户的视角来对职能部门做人员效率评价，从而确定合理的人员编制。

卢老师

孙鹏程

明白了！三维的核心应该还是行业对标吧？这个怎么操作呢？

是的。行业对标维度还是需要用到我们前面说的职能支撑比概念。比如企业的人力资源部的职能支撑比平均值在0.5%～1%，也就是每100～200个人配置一个人力资源专员。而事业单位的人事部门的职能支撑比平均值在0.3%～0.6%，因为相比较而言，企业的人力资源部门职责会更多一些。

卢老师

秦晓芳

确实。我们医院人事科就不管考核与绩效分配。所以行业对标必须选取同行业单位，而不是社会全行业？

当然。而且对标时最好选取兄弟单位。比如同一个集团、同一个上级组织下的分支机构。兄弟单位内部的职能管理部门设置相似度很高，这样对标就更加有意义。退而求其次，选同行单位进行对标。

卢老师

秦晓芳

像我们医院该怎么选择对标单位呢？

秦主任，你们医院是市属三甲公立医院。所以你们的对标单位最好选择市卫健委直属的三甲公立医院。

卢老师

冯莉莉

我们是城商银行总行，本地只有我们一家，那我们对标就选择其他城市的城商银行总行级别单位？

没错！而且最好选择资产、存款和贷款规模差不多的城商银行总行进行对标。其他的国有大银行和股份制银行的数据可以参考，但不是对标的主要标的。

卢老师

冯莉莉

嗯，明白了！

职能部门的对标数据怎么获取？

秦晓芳

卢老师，这个对标数据怎么获取？这恐怕是最困难的吧？

说难也不难。一般获取对标数据有两个途径，一个是跟目标单位进行数据交换，一个是购买行业对标数据。前者难度大，但是数据更聚焦。后者效率高，但是要花成本，而且数据质量取决于行业样本数量。

卢老师

秦晓芳

嗯，如果我们采用第一种方法，怎么跟目标医院进行数据交换呢？

首先需要你们院领导跟目标医院领导通个气，或者通过你们共同的上级单位或行业协会等机构出面沟通，这样你们人事部门就可以启动数据交换啦。有条件的可以去登门拜访目标单位，获取一手数据。

卢老师

秦晓芳

明白了。数据交换时，需要我们先填写好本单位的相关信息？

是的。你需要别人的数据，别人也需要你们的数据，这样互惠互利嘛！

卢老师

冯莉莉

卢老师，我有一个问题。数据交换时，如果对标单位提供的职能部门的设置情况跟我们的不一样怎么办？

孙鹏程

嗯，我也有此困惑。而且，即便两个单位的职能部门设置一样，但是分工职责可能有不同，这样对标是否不准确呢？

卢老师

大家的问题非常好！所以数据交换的模板不能简单提供部门名称、人数等信息，而是需要细化到岗位。我们常用的数据交换模板是这样的，请大家看下投影附表。

部门	岗位	人数/人	备注
人力资源部	部长	1	
	副部长	1	
	干部人事岗	2	
	薪酬福利岗	2	
	教育培训岗	1	
	招聘配置岗	2	含人力规划、岗位管理
	……		

冯莉莉

嗯，这个好！如果能拿到对标单位的岗位人数，我们就可以依据我们单位的部门设置，重新组合对标单位的部门人数，这样对标逻辑就是一致的。

卢老师

没错！这个动作我们称为标准化。无论对标单位的部门设置以及岗位设置是否与我们一样，我们都可以通过这个标准化动作，将双方数据逻辑统一起来。如果是我们咨询公司来参与操作职能部门定岗、定编，我们不会按照本单位的岗位配置进行标准化。大家可以猜测一下我们是怎么做的？

马清波

我猜卢老师是按照元岗位进行标准化吧？

卢老师

马经理悟性很高，点赞！这也就是前面我们说的元岗位的价值所在。

每个单位的部门设置和岗位设置差别很大，但是同一个细分行业的元岗位图谱是一致的。我们将收集到的所有对标单位的岗位人数信息拆分到元岗位上进行标准化。本单位的岗位配置信息也通过元岗位进行标准化。那么我们就可以实现在元岗位层面进行对标分析。

孙鹏程

我懂了。通过元岗位作为逻辑关联，先计算元岗位编制，然后再组合成实际岗位编制，最后再汇总得到部门编制。这样我们给职能部门定编时，不仅能给出部门编制总数，而且可以给出岗位定编的建议。这个思路太好了！

孙处长总结得没错！元岗位的优点就是做数据标准化。标准化的数据可以存储，也可以进行行业对标分析。

卢老师

冯莉莉

卢老师，你们机构是否就可以提供行业对标服务？

有的。我们咨询机构除了提供咨询服务外，专门有一项业务就是提供行业人均效能对标服务，不仅仅是职能部门，业务部门也可以提供人均效能对标服务。

卢老师

冯莉莉

太好了！我们银行领导特别喜欢用对标方法。之前接触的一些咨询机构，做薪酬对标的比较多，但是能做人均效能对标的比较少，这算是填补了一个空白。

没错！以前没有元岗位概念的时候，数据无法标准化和存储，现在是一个重大的理论突破。

卢老师

冯莉莉

嗯，元岗位看来真是打通了人力资源管理的“任督二脉”，是非常好的创新！

是的。

卢老师

怎么处理职能部门的对标数据?

马清波：卢老师，拿到对方职能部门的对标数据后，怎么处理这些数据?

卢老师：这要看谁来牵头处理数据。如果是我们咨询机构来牵头，我们会将本单位的职能部门数据和外部机构的对标数据全部拆解到元岗位进行标准化。计算每个机构元岗位的职能支撑比和对标分位值。确定对标参数后，计算本单位元岗位的人员编制，再汇总成实际岗位编制，最后汇总得到部门编制。

马清波：哦，这种方法需要先构建行业的元岗位图谱，你们咨询机构可以投入力量来研究，我们企事业单位可能短期做不到吧?

卢老师：确实如此。元岗位图谱的工作量很大，我们咨询机构也是花了很长时间来做这项工作，而且还在逐步完善中。但是我建议各单位还是要朝着这个方向走，尤其是上了一定规模的单位。因为元岗位图谱一旦构建起来，是一劳永逸的事情，后面的维护工作量并不大。

马清波：非常认同卢老师元岗位的理念。如果短期无法构建起来元岗位图谱，我们各单位怎样来处理对标数据呢?

卢老师：那就将对标单位职能部门的人数按本单位职能部门的岗位设置情况进行标准化，得到标准化处理后的人数。再来计算各部门职能支撑比和行业分位值。确定对标参数后，得到本单位职能部门的编制人数。请大家看下投影附表。

项目	办公室	人力资源部	XX部	职能总人数	单位总人数
本单位人数/人	10	8	6	100	1000
对标单位1人数/人	10	10	8	120	1500
对标单位2人数/人	8	7	6	90	800
对标单位N人数/人	7	7	6	100	1200
本单位支撑比/%	1.00	0.80	0.60		

项目	办公室	人力资源部	XX部	职能总人数	单位总人数
对标单位1支撑比/%	0.67	0.67	0.53		
对标单位2支撑比/%	1.00	0.88	0.75		
对标单位N支撑比/%	0.58	0.58	0.50		
支撑比分位值P25/%	0.65	0.65	0.53		
支撑比分位值P50/%	0.83	0.73	0.57		
支撑比分位值P75/%	1.00	0.82	0.64		
对标（P25+P50）/2/%	0.74	0.69	0.55		
本单位核定编制/人	7.4	6.9	5.5		
本单位编制增减值/人	−2.6	−1.1	−0.5		

马清波

嗯，这个表格很清晰，我们直接可以照葫芦画瓢。卢老师，我有一个问题，这里对标单位各部门的人数不是原始的人数，而是参考本单位部门设置并经过标准化处理后的人数吧？

卢老师

没错！这就是我们前面反复提到的标准化动作。因为同样都是人力资源部，不同单位的部门职责和岗位设置还是有区别的。我们前期之所以要收集部门内部岗位设置也是为这个标准化动作做准备。

冯莉莉

卢老师，这个标准化动作工作量有点大呀！但是确实需要这样做，不然，数据口径不一致，编制结果出来大家有微词。

秦晓芳

确实。我有一个问题请教一下卢老师：表格倒数第二行“对标（P25+P50）/2”是什么意思呢？

卢老师

这就是前面说的对标参数。这个表格参数就是取行业支撑比25分位值和50分位值的平均值。

秦晓芳

我明白了。前面卢老师说过，职能支撑比和薪酬分位值不一样，薪酬分位值越高，代表薪酬水平越高；职能支撑比正好反过来，分位值越高代表效率越低。这个表格中P25是高效率，P50代表平均效率，两者的一半就是较高效率。

秦主任解释得非常清楚！这个对标参数由各单位领导来把握。实际工作中，建议人力资源部设置几个对标参数方案让领导来选择。

卢老师

冯莉莉

我们领导要求高，什么都要求是行业先进水平，所以我们压力很大呀！

所以要拿数据说话。行业对标是很好的佐证数据，这样可以清晰地知道我们单位在行业的水平以及我们努力改进的方向。

卢老师

冯莉莉

完全同意。基于数据的结论，跟领导也好沟通呀！

孙鹏程

这个表格最后一行的编制增减值就是本单位人数和对标测算人数的差值。有的部门增加人，有的部门减少人？

没错！合理的定编不是所有部门都在减人，而是有加有减。

卢老师

孙鹏程

这里行业对标只是一个维度，还有领导评价和一线评价两个维度才能确定职能部门的最后编制吧？

没错！

卢老师

怎么组织领导评价的维度测评？

马清波

卢老师，职能部门三维初始化定编第二维度怎么组织呢？由我们人力资源部来牵头吗？

三维定编的第二维度我们称为领导评价。这个维度是由单位的领导班子对各职能部门进行效率评价的。这项工作不建议由人力资源部牵头。

卢老师

冯莉莉

同意！人力资源部本身就是职能部门，也是需要被定编的当事部门。如果由我们来操作，定编结果出来，别的部门会质疑的。所以我主张外请第三方咨询机构来操作。

秦晓芳：我也同意，或者请上级主管单位来牵头。卢老师，我有一个具体问题：领导评价是单位领导对所有职能部门进行评价，还是分管领导对其分管的职能部门进行评价？

孙鹏程：我认为是全部评价。如果只是分管领导对其分管的部门评价，最后数据是有偏差的。毕竟分管领导评价时手松手紧有差别，而且分管领导“护犊子”的可能性很大。

卢老师：哈哈，孙处说得没错！单位领导跟各个职能部门都是要打交道的，所以站在领导的视角看职能部门效率是有参考意义的。

冯莉莉：卢老师，领导怎么进行效率评价呢？会不会变成我们年底进行的对干部的测评？

卢老师：这可不是。年底干部测评是对人的评价，我们这里是对部门的效率进行评价。通常的流程是这样的：先列出各职能部门的核心职责，一般5项左右。然后请单位领导对各职能部门进行3+1评价：3个分项指标和1个总指标。3个分项指标分别是：员工技能、战略储备、职责履职。1个总体指标是人员编制总评价。请大家参见投影附表。

职能部门效率评价（领导评价用表）

部门	职责模块	职责内容	人数	员工技能	职责履职	战略储备	编制总评价
人力资源部	薪酬与绩效管理	负责中层及以下员工考核和员工等级评定工作，提出薪酬分配、考核兑现及奖惩建议	10人	-3 -2 -1 0 1 2 3 弱 中性 强	-3 -2 -1 0 1 2 3 越位 到位 缺位	-3 -2 -1 0 1 2 3 减配 中性 增配	-3 -2 -1 0 1 2 3 冗余 合理 不足
	岗位与配置管理	负责研究和提出机构设置（含岗位）的意见和建议，开展人员招聘、录用、轮岗、换岗、调整工作					
	培训选拔管理	负责拟定员工培训计划和组织实施。负责本行中层人员及有关重要岗位人员竞争上岗、试用期满任用的人员考察、聘用、奖惩建议等					
	劳动人事管理	负责人事信息系统基础信息维护更新、退休人员相关事项、员工劳动合同、人事档案管理、考勤、休假管理及员工出入国（境）工作					
	其他	负责拟定人力资源管理制度、操作流程、发展规划和年度工作计划，开展劳务派遣人员及领导交办的其他工作					
财务部	略	略	15人	-3 -2 -1 0 1 2 3 弱 中性 强	-3 -2 -1 0 1 2 3 越位 到位 缺位	-3 -2 -1 0 1 2 3 减配 中性 增配	-3 -2 -1 0 1 2 3 冗余 合理 不足
办公室	略	略	10人	-3 -2 -1 0 1 2 3 弱 中性 强	-3 -2 -1 0 1 2 3 越位 到位 缺位	-3 -2 -1 0 1 2 3 减配 中性 增配	-3 -2 -1 0 1 2 3 冗余 合理 不足

冯莉莉：这个表格还是很细致的。这几个分项指标有什么讲究呢？

卢老师：就如我们前面分析的，职能部门人员编制跟多个因素有关。如果领导对某个部门评价的结果是希望战略储备多一点，或认为职责有缺位、员工技能不足，那么编制就有增加的预期。反过来就是减少的预期。

冯莉莉：这些分项评价会影响最后的编制核算吗？

卢老师：如果是我们专业机构来做定编，我们会将3个分项指标和1个总指标做混合算法。如果是各单位自己操作定编，我们通常建议用最后的总指标进行编制核算，分项指标用来做部门编制报告分析。比如这个部门相对于别的部门哪些分项指标较高、哪些较低，这样可以给部门负责人一个参考，后期做一些针对性的改进。

冯莉莉：嗯，这个很有价值。

秦晓芳：这个领导评价要进行加权吧？

卢老师：是的。考虑到分管领导一般会有“护犊子”倾向，一般主要领导权重较高，比如30%～40%权重，其他领导按剩余权重进行平均。

孙鹏程：卢老师，我有一个问题请教下，如果领导评价结果加权后，怎么换算部门编制呢？

卢老师：这个问题非常好！我们在处理数据时用到了相对数据偏离法。请大家参见投影附表。比如某个单位职能部门总人数是82人，我们按前面的定编方法，职能总编制要减少8人。然后我们会统计领导对各部门编制评价的平均值或加权值，按下述表格逻辑计算各部门编制。

部门	人数（A）	评价加权（B）	相对值（C=B−MAX）	相对份额（D=A×C）	增减人数（E=D×系数）
市场管理部	18	1.1	−0.7	−12.6	−0.6
人力资源部	10	−1.2	−3.0	−30.0	−1.4
财务部	15	−0.4	−2.2	−33.0	−1.6
办公室	10	−2.1	−3.9	−39.0	−1.9
信息科技部	13	1.8	0	0	0
采购管理部	8	−1.5	−3.3	−26.4	−1.3
纪检监察部	5	−1.2	−3.0	−15.0	−0.7
工会	3	−1.8	−3.6	−10.8	−0.5
小计	Σ=82	MAX=1.8		Σ=−166.8	−8.0
增减人数	−8		系数=−8/−166.8=0.048		

孙鹏程：卢老师，这个表很重要，可否展开说一下计算步骤。

卢老师：第1步，B列数据是领导评价的加权结果，统计B列数据的最大值MAX=1.8；第2步，将B列数据减去MAX值，得到C列数据；第3步，A列人数乘以C列数据得到D列相对份额，并计算D列合计值Σ=−166.8；第4步，因为本案例中职能部门总编制要减少8人，所以用−8/Σ=−0.048，这是变动系数；第5步，用这个变动系数乘以D列，得到每个部门编制变动值，即E列数据。

马清波：这个表格中表头的标志很清晰，加上卢老师说的计算步骤，很容易理解。有一个问题：上表中人力资源部B列的评价加权−1.2，是指人力资源部要减1.2人吗？

卢老师：当然不是。这里是领导对部门编制评价的加权结果，采用前面所述的领导评价表中−3分到+3分的评价数据，通过加权后得到−1.2分。

马清波：这个评价的相对值需要用部门的人数来加权吧？

卢老师：可以这么理解。比如上表中人力资源部和纪检监察部B列数据都是-1.2，但是最后减的人数有不同。

孙鹏程

卢老师，我有一个困惑：上表中信息科技部编制评价是1.8，我的理解是领导认为这个部门要加人，最后的编制变动结果是0，不加不减，是否不合理呢？

卢老师

孙处问的这个问题很好！因为本案例中，这个单位职能部门总人数要减少8人，所以总的基调职能部门要瘦身健体。于是我们这里用的是“减人算法”：编制评价最高的部门不减人，其余都减。所以上表中计算逻辑是将领导认为加人最多的部门确定为不减人也不加人。

冯莉莉

我赞同这个理念。一旦职能部门总的基调是减人，所有部门都面临减人压力，只是减多、减少不同。而且上表中，信息科技部假如加2人，那别的部门不要减10人吗？这个压力会更大，我们更摆不平呀！

秦晓芳

我也同意冯总意见。而且我们跟信息科技部也好解释，别的部门现在都在减编制，你们部门不用减，暂时别想着加人吧。哈哈！

卢老师

确实如此。我们在项目现场也曾拿出“个别部门加人、其他部门减人”方案，结果领导决策平衡的结果也是冯总和秦主任这个结论。

孙鹏程

嗯，现实中确实如此。卢老师，前面说了职能部门减人方案，是否还有加人方案？

卢老师

是的。这种情况比较少。我们参与的项目中，大部分是职能部门要减人的。如果是加人方案，我们会统计领导评价的最小值（上表中MIN=-2.1），所有部门评价值-MIN，得到相对值，再进行后续计算。

孙鹏程

我懂了。按加人算法，编制评价数据最小的部门不加人，别的部门都加人。

卢老师

没错，既然总的基调是加人，所以这个结论就是相对容易接受的。

马清波：卢老师，如果总的基调是不加不减，那怎么核算编制呢？

秦晓芳：马经理，如果职能部门总人数不变，应该不用做定编了吧？

卢老师：秦主任，这可不一定。有的单位职能部门总人数跟行业对标下来还是不错的，效率并不低，但是部门之间效率不均衡，忙的忙死，闲的闲死，还是有必要对部门编制做合理性评估。

秦晓芳：我懂了。就像卢老师前面比喻的：一个人总体重可能没有超标，BMI值合理。但是身材不匀称，肚子有赘肉，核心却没有肌肉。还是需要通过健身让身材更好，身体更健康。所以职能部门总人数不加不减，但是各部门人数还是需要做调整。

卢老师：秦主任悟性很高，总结很到位！

孙鹏程：卢老师，我刚才回顾了一下您前面介绍的减人算法和加人算法，似乎这两个算法都无法实现不增不减的情况。因为增减人数是0，所以表中系数就是0，最后所有的部门增减也是0。

卢老师：孙处观察得很仔细！对于不增不减的情况，我们采取的是用减人算法和加人算法，按同样的人数绝对值分别计算一遍部门编制变动值，再将两个算法的数据加和得到部门编制的变动值。

孙鹏程：我懂了。比如用增加8人算法计算一次各部门编制变动值，再用减少8人的算法计算一次各部门的编制变动值，两个编制变动值再加和得到最后的部门编制变动值。因为8-8=0，所以总编制不增不减，但是各部门的编制增减却是不同的，而且符合领导评价的规律。这个方法太巧妙了！

冯莉莉：我这文科生听起来有点似懂非懂，请问这些算法可以实现信息化吗？

卢老师：当然可以。我们公司之前咨询项目都是人工处理数据，现在开发了定编系统后，就是借助信息系统进行自动核算。我们前面介绍的三维定编法，行业对标、领导评价和一线评价都是由信息系统来完成和汇总数据，按前面模型计算后得到编制数据。

冯莉莉

这个太好了，给我们人力资源部门减负不少！

三维数据怎么汇总？

马清波

卢老师，职能部门定编的第三维度——一线评价，是指一线部门对职能部门进行效率评价。这个维度的评价指标和计算步骤是否跟领导评价的“3+1”指标一样？

卢老师

计算步骤完全一样，但是有一个分项指标有差别。一线评价会用流程效率代替战略储备，所以还是“3+1”的评价体系。3就是员工技能、职责履责和流程效率，1就是编制总评价。

马清波

那我懂了。这个维度的评价也不适合人力资源部来组织吧？

卢老师

没错！一般来说，领导评价和一线评价都是请第三方机构或者用信息化系统来组织评价流程。

冯莉莉

卢老师，如果对标分析、领导评价和一线评价，三个维度的数据都出来啦，怎么汇总到一块呢？

卢老师

这个相对就比较简单。我们一般采取加权组合模式。行业对标占50%权重，领导评价占30%权重，一线评价占20%权重。以人力资源部为例，假如行业对标是-0.8人，领导评价是-1.2人，一线评价是-1.5人，那么按上述加权后就是-1.06人，取整后为-1人。如果人力资源部现在有人数10人，那么核定编制就是9人。

冯莉莉

我明白了。每个部门都按照这三个维度方法计算编制变动值，可能有加有减，但是总的职能编制增减值还是跟之前确定的增减总量是一致的。

卢老师：是的。总体是接近的，因为四舍五入的原因会有小的误差，但是这种误差可以通过总量去消化。比如，职能部门总编制要减少8人，核定到部门后因为取整的原因，部门累加需要减少7人，那么总量就变为减7人。

冯莉莉：嗯，这个职能部门的三维初始化定编我觉得操作性很强。首先，三维里面主维度是行业对标，这样各部门就不需要谈太多自己部门的特殊情况。哪个单位没有特殊情况呢？！其次，这个编制方案也体现了单位领导和一线部门对职能部门效率的评价。而且当这三个维度数据具有同向规律的时候，这个编制结果是很有说服力的。

卢老师：冯总说得没错！职能部门定编是一个世界性的难题，我们也尝试过多种方法，包括传统教科书的方法，发现效果并不好。我们后来总结提炼的这个职能部门三维初始化定编还比较好落地。

秦晓芳：卢老师，这个编制结果还是要上会给领导审批吧？如果领导审批有不同意见，怎么办？

卢老师：对，必须要上会。领导对编制结果有意见很正常，尤其是分管领导对分管部门多少会提点保护性的意见，这是人之常情。但是上述流程做得到位，数据很扎实，领导一般都会通过的，个别部门会有微调。这也是领导们的权力嘛！我们人力资源部门负责管理的科学性，领导们负责管理的艺术性，哈哈！

秦晓芳：卢老师总结得很精辟！确实，以前我们医院领导也让我们人事科牵头做职能部门定编，我们说太难啦，要不领导们开会直接决策确定吧。结果被领导一阵白眼给怼了回来：我们领导都定了，还要你们人事科干吗？！

冯莉莉：没错！我们人力资源部门做好我们该做的，剩下的交给领导们来决策！

卢老师：赞同！

部门编制怎么向部门反馈？

马清波

卢老师，职能部门编制核算出来，领导也审批了，怎么给各部门反馈呢？

卢老师

一般我们建议编制结果出来后，先征求一下部门和分管领导的反馈意见，然后再汇总意见到领导班子会议进行讨论。

马清波

对于要减编的部门，他们应该反应很大吧？

卢老师

会有些意见，但是如果前期工作到位，比如前面说的三维分析比较扎实，各部门对结果认同度还是比较高的。

秦晓芳

这事我们干过。对编制结果还好，倒是经常提人的问题，说现有人员不好用。这事我们也不好定呀！

卢老师

确实！关于人的分流和处置问题，后面我们再安排专题系统性讨论一下。关于部门编制反馈问题，我们有一个建议，最好是给部门反馈一些在三维调研中反映出来的部门问题，尤其是短板改进方向。

冯莉莉

嗯，这个建议好！编制结果反馈给部门还是走一个先民主后集中的程序，先听一下部门意见，最后还是给到领导去拍板。倒是卢老师说的，给部门提供一些有价值的反馈意见，各部门更是欢迎。我想请问卢老师，这些反馈信息包括哪些内容？我们以后也可以照葫芦画瓢。

卢老师

通常我们会根据前期三维调研分析的结果向部门反馈。比如对标分析维度中，我们会告诉这个部门你们的职能支撑比是多少、行业50分位值职能支撑比是多少、差值是多少等。对于领导评价和一线评价维度，我们会分别将两个维度加权后的得分反馈给部门。比如员工技能、流程效率以及总体编制评价的加权分等，让他们知道哪些指标是短板，哪些是做得不错的地方。

冯莉莉

这个很好！这个反馈内容比简单告诉部门你有多少编制更有意义！今天的收获非常大，脑洞大开。

希望对大家有所帮助！

卢老师

马清波

感谢卢老师和各位同行！今天辅导的内容干货满满，也非常烧脑，我们下来都需要好好消化一下。两周后我们将进行最后一次辅导，欢迎大家参加，不见不散！

（本场辅导会结束。）

【读书笔记】

- 职能部门定编面临数据支持不足和部门差异大的挑战，需考虑组织架构和业务模式差异。常见问题包括员工技能差异、做事深浅程度、职责履职情况等。
- 职能部门编制的管控策略：

  ✓边瘦身、边健体；

  ✓先止血、后活血；

  ✓小机关、大岗位；

  ✓先定编、再定岗。
- 三维初始化定编：

  ✓行业对标：跟行业单位进行职能支撑比比较，用元岗位解决数据标准化问题。

  ✓领导评价：单位领导对各职能部门进行效率评价；“3+1”评价指标：员工技能、职责履责、战略储备＋编制总评价。

  ✓一线评价：一线领导对各职能部门进行效率评价；“3+1”评价指标：员工技能、职责履责、流程效率＋编制总评价。
- 动态定编是在相对合理的初始定编情况下，根据部门业务或政策变化灵活调整人员编制，遵循“谁主张、谁举证”原则。
- 定编结果要广泛征求意见，领导审批后反馈部门，提供改进方向，确保科学性与艺术性的结合。

第3讲

如何定员？

3.1 什么是定员？

定员前为什么要定价？　岗位定价的结果怎么和定员结合？

为什么说“四定”中定员最难？

3.2 如何实现干部的能上能下？

中层干部要有职数控制吗？　为什么要设计“双通道、多序列”？

中层干部怎么做公开选聘？　中层干部公开选聘只看演讲能力吗？

中层干部可以采取全部起立的方式吗？　中层干部需要有任期吗？

管理干部可以通过考核来淘汰吗？　管理副职有淘汰机制吗？

3.3 如何实现员工的能进能出？

什么是“双选”？　什么是“冰箱计划”？　待岗员工的工作和薪酬怎么安排？

可以将员工外包出去吗？　现在的员工可以转为外包身份吗？

3.4 如何做到人尽其才？

如何让员工发挥出更大的效能？　如何构建岗位胜任力模型？

如何评估人岗的适配性？　人才盘点结果后续如何应用？

员工调动原部门不放人怎么办？

3.1 什么是定员？

故事导入

两周之后，卢老师再次来到糖人通讯，进行最后一场辅导会……

前两场辅导会分别讨论了定岗和定编两个主题，这场辅导会将重点讨论定员。大家开始以为只要定岗和定编做到位，定员是水到渠成的事情。结果卢老师却说定员是“三定”中最难的。为什么会这样呢？

糖人通讯人力资源部的经理马清波照例主持了会议的开场……

定员前为什么要定价？

马清波：卢老师，很高兴再次见到您！前面我们系统学习了定岗、定编的方法，受益良多。按照“三定”理论，定岗解决“Why”和“What”的问题；定编解决“How many”的问题；定员解决“Who”的问题。我们是否要开始定员啦？

卢老师：严格意义上说，还要经过定价环节才能定员。

秦晓芳：定价就是岗位价值评价吧？这个确实很重要，今年上半年的辅导会是我们医院财务科赵青松主任来参加的，哎呀！我缺了重要的一课。

冯莉莉：是的，岗位价值评价相当重要，这是我们人力资源管理的一项基础工作。

马清波：卢老师说定价后才能定员，是为了方便后来定薪？

卢老师：嗯，这是一方面原因。还有一点，是为了给大家提供选择的机会。人往高处走嘛，岗位价值高自然吸引人愿意去。

马清波：我懂了。员工选择高价值岗位，薪酬基点高，相对责任大，考核压力也大，这也体现责权利对等。看来卢老师说的岗位、绩效、薪酬这个3P天平模型通过定员全部连接起来啦！

卢老师：没错！人力资源3P天平模型是围绕“人”来展开的。通过定岗、定编、定价后才能定员；之后再根据人和岗位的匹配来确定一人一表进行考核；最后根据定价和考核结果确定这个员工的最终薪酬，也就是我们前面说的差异化分配的八字真经“以岗定薪、按绩取酬”。请大家看一下投影附图，这是我们做人力资源管理咨询项目的六步法。

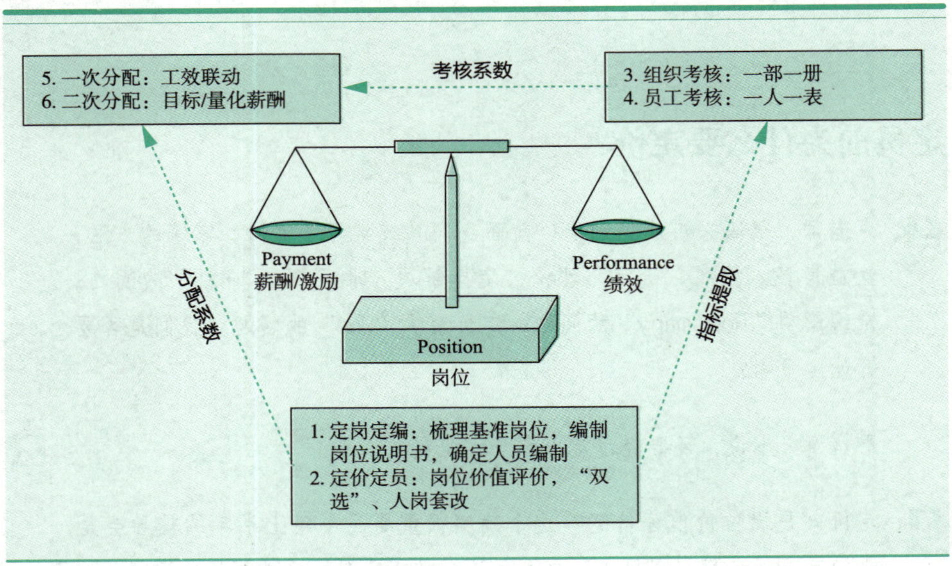

冯莉莉：今年初卢老师辅导差异化分配时，我看过这张图，当时感觉还没有这样突出，现在我有了一种豁然开朗的感觉！

秦晓芳：我们医院是事业单位，岗位、绩效、薪酬这三个模块分属两个科室在负责。所以我们在解决其中一个问题时，总感觉没有串起来。现在我也知道症结在哪里了。

孙鹏程

嗯，我们高校也有同样的问题。这次辅导定岗定编后，我还要将考核和薪酬分配两个模块的课程补起来。我们这些人中是否就是马经理参与了三个模块的辅导，下次请马经理给我们单独开小灶辅导一下吧！

马清波

嘿嘿！我也是近水楼台先得月。辅导的事情我可干不来，这里有大咖在，何必要我来做知识的二道贩子呀。你们还是趁现在卢老师在，多问下吧。

卢老师

马经理客气啦！感谢你们公司安排的机会，让我认识了这么多业内同行，大家一起教学相长嘛！回到正题，定员之前我是建议要做岗位价值评价的，虽然这项工作有很大的挑战性，但还是建议要先做、早做！关于岗位价值评价的相关内容，大家可以参考我的第二本书籍《要想挣钱，先学会分钱》。

秦晓芳

好嘞，一定要拜读！

岗位定价的结果怎么和定员结合?

冯莉莉

卢老师，上次参加了薪酬差异化的辅导会后，我给我们行领导专题汇报了岗位价值评价工作，领导非常重视。明年我们准备在总行部门启动岗位价值评价工作，我们人力资源部正在做方案。有一个问题请教一下：岗位价值评价结果出来后，怎么跟定员结合?

卢老师

嗯，冯总这个问题很好！岗位价值评价是针对岗位的，而定员是人与岗的结合。岗位价值出来是一个中点值，但人的情况是复杂的，不是一个点能描述完整的。

马清波

所以上次辅导时，卢老师提出的薪酬宽带理念，是一个比较好的解决方案？

没错！这是很多单位实践的成果。岗位价值出来是一个中点值，比如人力资源部经理岗位价值系数是5.0，我们一般会拉出一个宽带范围4.5~5.5，假设对应单位薪酬体系的14~16级。对于各位非常资深的人力资源部经理来说，薪酬定位可能15级或16级是合理的；而对于一个刚上任的人力资源部经理来说，可能定位14级是合理的。这样定员的时候有很好的自由空间。

卢老师

冯莉莉

是的。定员就是解决人与岗的匹配问题，而薪酬是核心的核心。通过这种方法可以让岗位任职者的薪酬既有弹性空间，又没有偏离岗位价值的中点。

孙鹏程

薪酬宽带这个概念我也听说了，不过很多单位的问题是薪酬的宽带太宽了，从地可以到天，那么岗位价值就没有意义啦。

马清波

没错！卢老师在今年初辅导时提到：人岗匹配的原则是先岗后人，而不是先人后岗。

是的。如果先人后岗，那么薪酬就跟人有关。如果先岗后人，薪酬首先跟岗位有关，再跟人有关，这才是定员时合理的薪酬匹配策略。

卢老师

冯莉莉

嗯，先岗后人这个理念总结得非常到位，先根据岗位确定薪酬宽带，再根据人的业绩、技能和经验确定薪酬的具体点位。这样人岗匹配时，既有原则性，又有灵活性。

冯总总结得很好！

卢老师

为什么说“四定”中定员最难？

马清波

卢老师，“三定”中的定员要解决“Who”，谁来干的问题。这里是否就会涉及人力资源三项制度改革的问题？

卢老师

是的。对于国有企事业单位来说，国家提出的人力资源三项制度改革：薪酬分配制度改革、干部人事制度改革和劳动用工制度改革，其实都跟定员有关。这三项制度改革的目标就是打破“三铁”：铁工资、铁交椅、铁饭碗，建立“六能”机制：收入能增能减、干部能上能下、员工能进能出。

冯莉莉

嗯，这些理念非常好！我感觉“六能”机制不仅仅是我们国有企事业单位需要建立这样的机制，由人构成的组织都应该坚持这些理念吧？！

秦晓芳

对的。我们医院领导近期大会小会都在传达这样的概念。我们非常认同这个方向，只是感觉这些在我们事业单位改革起来难度很大吧？

卢老师

那是肯定的。人力资源三项制度涉及人的核心利益问题，都是改革的深水区。对于国有企事业单位来说，这个改革难度会更大。所以我们这次辅导的“三定”：定岗、定编和定员，加上今年初辅导的定价，一起算作“四定”，最难的其实是定员。

马清波

以前没有觉得，卢老师这一提示还真是这样。定岗和定编都是组织层面的问题，有矛盾最多是跟部门负责人博弈的问题；定价虽然涉及薪酬分配，毕竟还是对岗位的；而定员就直接影响到员工的面子、里子和位子问题，不好整呀！

孙鹏程

马经理一语点醒梦中人！干部能上能下，就是位子和面子的问题；收入能增能减，就是里子问题；员工能进能出，直接就是“三子”的问题。

冯莉莉

定员就是要解决人岗匹配的问题，必然会涉及干部的能上能下机制和员工的能进能出机制，也必然会涉及员工入岗后的薪酬分配机制。所以说在“四定”中，更难的是定员！

卢老师

不仅如此！定员不但要研究“合适的人放在合适的岗位上”这个问题，还要研究人岗适配的效果，以及如何人尽其才，让人力资源发挥最大的效能。

孙鹏程

太好啦！卢老师帮助我们提升了认识的高度。现在大家都很关注人均效能，所谓人均效能就是产出（分子）除以人员数量（分母）。之前我们说的定岗、定编更多的是解决分母问题，现在定员不仅要解决分母（投入）的问题，还要解决分子（产出）的问题。

冯莉莉

孙处理解能力超强！这个问题确实很现实，我们很多单位一方面确实需要研究人力资源投入的合理性问题，另一方面更需要研究如何让现有的人发挥出更大的效能问题。因为历史原因，我们很多单位，老员工不少，有职业疲倦感、缺少奋斗精神，这些人肯定也没有到被淘汰的地步，如何让这些员工焕发工作的活力，人尽其才，这也是当前需要迫切研究的课题。期待卢老师给出一些真知灼见！

卢老师

没问题。

（辅导会继续进行……）

【读书笔记】

- 定员的重要性：定员是“三定”（定岗、定编、定员）中最难的部分，因为它直接关系到员工的个人利益，包括薪酬、职位和工作稳定性。
- 定价的重要性：在定员之前需要进行定价，即岗位价值评价。这不仅有助于后续的薪酬分配，还能为员工提供选择高价值岗位的机会。
- 3P 天平模型：岗位、绩效、薪酬构成一个完整的天平。通过定岗、定编、定价后才能定员。
- 薪酬匹配的原则是先岗后人，而不是先人后岗。岗位价值评价结果是定员的一个参考点，但需要结合员工的具体情况，如业绩、技能和经验，来确定其在薪酬宽带中的具体位置。
- 薪酬宽带：岗位价值出来后，会有一个薪酬范围，允许根据员工的不同情况灵活定位薪酬。
- 人力资源三项制度改革：薪酬分配制度改革、干部人事制度改革和劳动用工制度改革，目标是打破“三铁”（铁工资、铁交椅、铁饭碗），建立“六能”机制（收入能增能减、干部能上能下、员工能进能出）。
- 定员的挑战：定员不仅需要解决人岗匹配问题，同时还需考虑如何最大化提高人力资源的效能。

3.2 如何实现干部的能上能下？

故事导入

辅导会继续进行……

定岗、定编、定价、定员，这“四定”中，因为定员涉及员工的核心利益问题，所以难度最大。

而中层干部作为员工中的核心群体，如何配置干部的管理职数？干部队伍如何选聘、如何考核、如何退出，成为很多单位干部人事制度改革的核心命题。

糖人通讯人力资源部经理马清波提出了他的困惑……

中层干部要有职数控制吗？

马清波

中层干部作为单位的核心骨干，起到了承上启下的作用。我们公司领导经常说的一句话就是：上梁不正下梁歪、中梁不正倒下来！中层干部的选聘、培养和退出机制对于一个组织来讲，非常重要。请问卢老师和各位同人，有什么好的干部管理办法吗？

冯莉莉

我非常认同马经理的观点。俗话说得好：兵熊熊一个、将熊熊一窝！干部是带兵打仗的，如果干部队伍不行，这个组织战斗力肯定要大打折扣。

秦晓芳

中层干部的重要性毋庸置疑。可是现实中，我们很多单位的中层干部靠的是论资排辈上去的，管理意识和管理能力都有较大的欠缺。很多干部将管理职务当作一种荣耀，而没有当作一种责任。

孙鹏程

确实如此！一些干部在其位、不谋其政，既影响组织目标达成，也给员工带来不好的示范作用。现在很多单位干部队伍没有很好的退出机制，有时单位领导想做一些改革，但现在的干部不能动、也不好动，只好选更多的干部或副职来代替他，导致组织越来越膨胀。

卢老师

是的。这里有两方面的原因，一是我们很多单位关于干部的一整套机制没有建立起来，比如公开选聘机制、干部退出机制、干部的任期制和考核机制等；二是我们很多单位行政化色彩浓厚、传统的“官本位”思想突出，在单位里面的员工，因为技术、业务能力突出，也总想来当个“官”，这也是一个在家人、同学、朋友面前的面子问题。所以干部队伍的管理，不仅要建立一套完整的干部管理机制，还要营造一个良好的干部文化氛围。

马清波

我非常认同。现在我们国企也都在讲去行政化。近期我们一项重要的改革就是大部制，管理的职数会越来越少。

孙鹏程

是的，大部制也是国家行政事业单位改革的方向。部门多，官就多，干活的人少，扯皮拉筋的事就多。

卢老师

没错！不仅是部门正职，部门副职也要严格控制管理职数。

秦晓芳

我们医院有一个科室只有3个人：一个正职、一个副职、一个兵！效率确实不高。

冯莉莉

我们也有同样的问题。卢老师，副职该怎么控制职数呢？

卢老师

这里有人员管理幅度的问题。一般认为比较合理的管理幅度是7~8人，所以在不考虑干部备份或连续生产运行倒班的情况下，一个8人以下的部门不建议设副职。15人以上的部门考虑设一个副职。当然，具体管理幅度还是要看部门内岗位的同质化程度。一线部门一岗多人的情况很常见，岗位的同质化程度高，管理幅度可以增加到10~12人。二线职能部门内部岗位同质化程度低，所以管理幅度可以降低到5人。

冯莉莉

也就是说，职能部门10人以上可以考虑设一个副职？我们总行的管理部室基本上是按此幅度来配置管理职数的。

卢老师

没错！还有一点，就是部门内设二级部门的问题，这个也要严格控制。

马清波

卢老师提醒得对！我们现在很多部门搞地下组织部，没有经过公司任命，在部门内下设二级部门，任命二级部门的主管。组织架构没有得到公司企管部的确认，人事任命也没有得到我们人力资源部的确认。

孙鹏程

这不就是土皇帝吗？！说明还是官本位的思想在作祟。

秦晓芳

我想这里不光是中层干部的问题，也代表一些基层骨干的声音，大家业务很出色，希望有更大的职业发展空间。

卢老师

是的。员工需求是合理的，不过我们更希望通过“双通道、多序列”来解决这个问题。

为什么要设计“双通道、多序列”？

秦晓芳

卢老师，能否介绍一下“双通道、多序列”的设计方式？

卢老师

“双通道、多序列”就是为了解决官本位的思想、拓宽员工的职业发展空间而设计的职业发展通道方式。这也是我们很多国有企事业单位“去行政化”的重要手段。所谓“双通道”就是“管理”和“专业”两个通道。请大家看下投影附图。

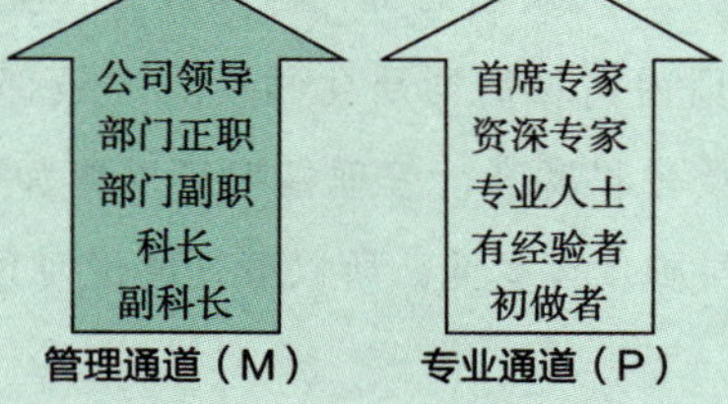

马清波

我们公司也是这样设计的，我们内部称为M（Management）通道和P（Professional）通道。

卢老师

是的。有些单位是用英文代号区分的。这里的管理通道是指管人的岗位，专业通道不管人，是做专业技术或业务的岗位。

秦晓芳

我们人事科划分到哪个通道呢？

卢老师

人事科科长、副科长都属于管理通道，因为你们要管人、带队伍。而人事科下面的干部管理岗、人事管理岗、薪酬管理岗、教育培训岗都属于专业通道。

秦晓芳

我还以为我们医院的职能管理科室有管理两个字，都应该是管理通道呢。

孙鹏程

卢老师，什么是“多序列”？

卢老师

“多序列”就是在通道下面细分的序列。管理通道，如果单位规模小，一般就是一个行政管理序列。规模大的单位，比如银行，可能有总行管理序列、分行管理序列、支行管理序列等。专业通道下面的序列会比较多。比如医院有医生序列、护理序列、医技序列、职能管理序列等。银行有营销序列、风险序列、运营序列、信息科技序列、职能管理序列等。甚至很多超大型单位里面，序列下面还可以细分成子序列，比如人力资源管理就是职能管理的一个子序列。

秦晓芳

这个“双通道、多序列”对我们医院的行政后勤科室很重要。因为我们的临床医生、护理、医技这些岗位都是有各自的职业发展空间的。比如住院医生到主治医生到副主任医生到主任医生，这些既是职称、也是职业发展的空间。护理也有N0～N4的职业发展路径。但是我们行政后勤科室除了科长、副科长走行政管理序列，其余员工都是干事，关键一干还很多年。所以职能科室的员工很没有成就感，最后都要去挤管理的独木桥。

孙鹏程
我们大学也是同样的情况。

卢老师
企业这方面要做得好一些。比如人力资源部的教育培训岗，从业者刚开始是一个培训助理，过1～2年可能是培训专员，符合一定条件可能是培训经理，再往上可能是培训专家。员工不一定要做到管理的职务，但是在这个专业可以做得很出色。

冯莉莉
是的。双通道最大的好处就是拓宽员工的职业发展空间，不要走独木桥，毕竟管理的职数是有限的。

马清波
没错！双通道另外一个好处就是各得其所，人尽其才。单位里面有一些技术或业务的高手，并不适合做管理者。让他来做管理者、带队伍，对团队是伤害，他自己也痛苦。

冯莉莉
我很有同感！很多时候我们得到一个蹩脚的管理者，却丢掉一个不错的技术或业务专家。这不是双输吗？！

卢老师
所以双通道、多序列是非常好的设计方式。有一个提醒，双通道我们建议要以英文字母的大“H”，而不是小“h”来设计。也有单位用英文字母的“Y”来设计。简单来说，右边要出头。

冯莉莉
我懂了，专业通道高级别的员工要和部门领导，甚至单位领导拿到同样的待遇，包括面子、里子和位子等。不然专业通道就会做虚！

马清波
对，这一点很重要。我们公司的首席科学家，跟我们的总经理待遇就是平齐的。

秦晓芳
这个非常好！如果待遇不能做实，专业通道的员工还是想走管理的独木桥。

卢老师
是的。

中层干部怎么做公开选聘？

马清波：卢老师，我们国企按照上级的要求，正在推行干部人事制度改革，要建立起干部能上能下的机制。我们感觉这块难度还是很大的，请问您有什么好的建议呢？

卢老师：嗯，这个话题比较大。我建议从以下角度做下工作，请大家看下投影附图。

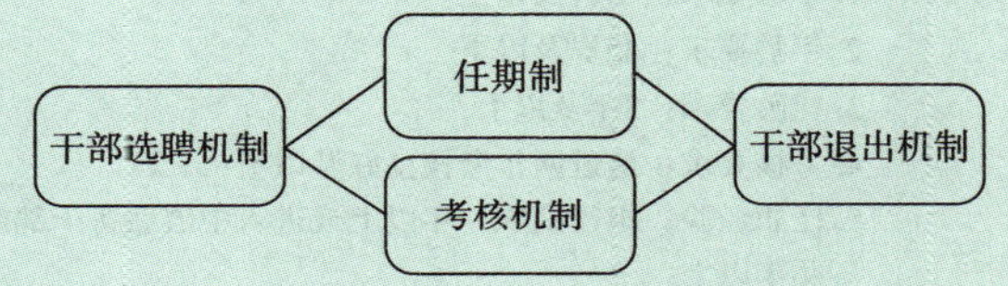

马清波：嗯，这个逻辑非常好！有进、有出、有管控机制。

冯莉莉：马经理，关于干部选聘机制，你们是采取干部考察任命还是公开选聘的方式？

马清波：我们是两者结合。但是近期上级国资委有要求，要提高干部公开选聘的比例。

冯莉莉：我们现在要求中层管理干部100%通过公开选拔的方式进行选聘。

秦晓芳：冯总，你们银行改革力度真大。我们医院领导在参访了一些行业标杆医院后，也要求我们人事科做一些干部公开选聘的尝试。我想请问一下，你们是怎么组织的呢？

冯莉莉：首先要制定干部公开选聘的制度、提前发布并广而告之。其次要制定公开选聘职位的招聘标准，相当于准入条件。

秦晓芳：这个准入条件是统一标准，还是不同岗位有不同标准？

冯莉莉

有共性标准，也有个性标准。比如中层干部竞聘的共性标准包括学历要求、年龄要求、工作年限、考核要求、管理任职要求等。

卢老师

这里我给大家分享一个典型的中层干部竞聘标准，请大家参见投影附图。

竞聘职位：××部门部长
职务职级：中层正职
报名资格：

1. 学历要求：本科及以上
2. 年龄要求：45岁及以下
3. 司龄要求：3年及以上
4. 考核要求：最近两年考核良好及以上
5. 任职经验：担任副职一年以上或进入中层后备干部库两年以上

秦晓芳

这个太好啦，可以直接抄作业！请问个性标准是什么？

卢老师

比如你们医院医务科主任的职位，除了上述共性标准外，一般会要求有临床工作背景。

冯莉莉

没错！我们银行总行的前台业务管理部门总经理，比如公司金融部总经理、零售金融部总经理等，都要求有在分支行的工作经验。

马清波

最近我们公司领导也提出中高层干部都要有基层工作经验要求。明年我可能也要到一线分/子公司去挂职。

冯莉莉

祝贺马经理！这是要提拔的前奏，哈哈！

马清波

哎，我还发愁呢！之前大学毕业就在人力资源部工作了很多年，基层也没有干过呀。

冯莉莉

话说回来，我是支持总部职能部门干部要有基层经验的。我自己就是在一线干了很多年，才到了总行人力资源部。现在我们出台一些政策会更考虑基层的感受。

孙鹏程

我非常赞同冯总的意见。我们现在有些单位总部机关出政策，完全就是脱离实际的，根本不好落地！

秦晓芳

再请问一下大家，候选人报名后，后续流程怎么操作？

冯莉莉

后续人力资源部会先进行资格审查，通过者进入竞聘环节。我们会组建一个竞聘委员会。一般中层正职的评委由单位领导担任，我们有时也会邀请少数外部评委，比如独立董事、外部专家学者担任评委。

卢老师

是的，我也经常被一些客户单位邀请担任干部竞聘的专家评委，不过这类竞聘评委还是要由内部人士担任更合理，因为内部人士更熟悉情况。如果是基层干部的公开选聘，我们还需要让更多的员工参与进来，毕竟基层干部要有群众基础。

秦晓芳

同意。进入正式竞聘环节后，每个候选人竞聘时间多长？流程是怎样的？

冯莉莉

竞聘时间一般在40~60分钟。一般流程是主持人开场，然后候选人自我介绍5~10分钟，包括个人履历、对竞聘岗位的认知以及工作思路。接着是评委提问环节，这个时间最长，最后评委打分。

孙鹏程

请问冯总，评委打分要加权吗？是否有评价标准？

冯莉莉

我们的竞聘，评委打分是加权的。主要领导权重在50%以上，分管领导权重20%，其他评委权重共30%。我们评委打分有评价表，大致的评价因素包括：岗位匹配度、岗位认识、工作思路、团队管理经验等。

秦晓芳

最后聘用是按照分数高低顺序吗？

冯莉莉

一般都是按分数高低顺序的。但是这个结果要上党委会审议。后面拟任命时还要公示。哪一个环节出现问题，都可能是排在后面的人依次递补。

秦晓芳

明白啦。如果某个中层职位只有一个人报名或者没有人报名怎么处理？

冯莉莉

只有一个人报名，我们也会走竞聘流程。但是不一定能聘用。我们会根据评委打分情况做判断。如果评委打分普遍较低，党委会讨论时也会否决。如果没有人报名，我们会将竞聘公告延期一段时间。如果延期后还是没有人报名，我们就会采取以前组织考察任命的方式，任命一名该职位的代理负责人。试用期结束后会进行一次转正评估，通过者即正式聘用。

秦晓芳

懂了，感谢冯总细致的解答！

中层干部公开选聘只看演讲能力吗?

马清波

卢老师、各位同人！对于中层干部公开选聘，我是非常支持的。但是有一个问题，我一直很困惑，希望得到大家的解答。竞聘的现场只有一个小时左右时间，这么短的时间能决定一个候选人是否合适吗？

孙鹏程

嗯，我也有此同感！这样是否会使得一些演讲能力强的候选人更占优势？而让一些只干活不怎么爱说话的候选人吃亏啦？

冯莉莉

嗯，以前我们银行刚开始做中层干部公开选聘时，确实出现过这类情况。有些领导以此为由，提出要废除公开竞聘的方式，回到以前干部考察任命的模式。但我们的主要领导还是坚持干部要公开选聘，认为干部的选聘就是要公开透明，让大家看到一种风清气正的文化。首先，我们对候选人的资格条件做了一定限制，将一些明显不符合的候选人排除在外；其次，我们还参考了传统的干部考察方法，在上党委会研究前，人力资源部增加了对拟聘用候选人的360度评价；再次，在正式任命前还有任前公示，广泛听取各方意见；最后，干部正式任命后，我们还增加了试月期考察的要求。就这样通过一系列的补丁，逐渐将我们单位的干部公开选聘流程优化和固化了，效果还是不错的！

卢老师：冯总单位的优化措施非常好！点赞！一个成熟单位的中层干部选聘肯定不是靠候选人演讲10分钟，问答40分钟就能决定的。中层干部的公开选聘更多的是一种发现人才的模式，而不是决定人才的模式。

马清波：卢老师，这个观点有意思，可否展开说一下？

卢老师：千里马不是相出来的，而是赛出来的！一个候选人是否适合这个职位，肯定不是竞聘现场那一个小时决定的，而是这个候选人在这个组织里面完整的工作经历、大家对你的共识来决定的。所以冯总介绍的他们单位的一些报名资格条件很重要，比如过往的工作经历、考核成绩和团队管理的经验都在缩小候选人的范围，这其实就是一种筛选。

孙鹏程：那这样说，候选人是否已经内定了，竞聘就是走形式啦？

冯莉莉：我不认同孙处这个说法！中层干部的竞聘是我们人力资源部组织的，我参与过多场竞聘活动，加上我作为人力资源部总经理，经常组织对干部的考察，所以一些职位的竞聘有多个候选人时，我大概能猜出60%~70%的结果。这不是内定，而是这个职位的画像和候选人的经历是高度吻合的。但也有1/3的竞聘结果是我意料之外，但又是情理之中的。

孙鹏程：哦，此话怎讲？

冯莉莉：比如说，一个职位有一个热门候选人，竞聘前大部分人认为一定是某人时，结果这人在竞聘现场发挥得很不好，也可能是这人不重视，高估自己；也可能是这人工作思路没有打开，评委不满意；或者说是别的候选人表现太好。最后结果是别人上来啦。虽然这种比例不多，但这是一个好信号，让我们的候选人不要理所当然，要高度重视你要竞聘的职位！

马清波

非常赞同！干部竞聘就是要有“意外”，让每一个候选人看到希望，也让每一个当选者有危机感！

秦晓芳

马经理总结得很棒！请问卢老师，为什么说竞聘更多是发现人才的模式呢？

卢老师

我们很多组织规模大，很多评委对参与竞聘的候选人不可能都熟悉，对于候选人来讲，这就是一次很好的展示自己的机会。谈谈自己的工作经历、说说对竞聘职位的理解、展示对竞聘职位的工作思路，等等，可能这次竞聘没有上去，但是会给评委心中种下种子。以后工作中的被关注度就会提高，机会也会更多。下一次的干部竞聘，就可能有上位的机会！

冯莉莉

确实如此。我参加过总行的两次竞聘，第一次失败了，但是给领导留下了鲜明印象；第二次竞聘成功了，也可能是运气，也可能是组织的变革需要我们这样的新面孔！哈哈！

秦晓芳

冯总很优秀，一切没有无缘无故。

马清波

是的。这样的中层干部竞聘就形成一种良好的文化氛围：资历深的候选人要好好准备，不要理所当然；资历浅的候选人也有崭露头角的机会。

卢老师

没错！

中层干部可以采取全部起立的方式吗？

马清波

卢老师，部门负责人在做人岗匹配时，可以采用全部起立的方式吗？

当然可以。我们很多客户单位就是这么做的。不过，这个形式比较激进，内部引发的动荡会比较大。一般在单位的经营战略或组织架构出现重大调整时，可以采用这个方法。

卢老师

冯莉莉

我们银行五年前改制时，在我们总行职能部门就干过这件事情。我们当时的行长觉得总行职能部门太像机关，官僚作风严重，一些干部思想陈旧，而且不是个别现象，觉得有必要大动一下，否则很难适应商业银行的市场化需要。所以当时总行所有的职能部门老总全部起立，干部重新竞聘。

秦晓芳

冯总，你们单位领导很有魄力，想请问一下，这个做法效果怎样？

冯莉莉

实话说，当时领导压力很大，因为有很多反对的声音，也有一些人给上级部门写告状信。但是改制五年下来，我们银行业务发展势头不错，总行机关作风明显改善，效率提升了不少。所以我认为这次改革还是相当成功的。

孙鹏程

冯总单位的实践很有参考意义。实不相瞒，我们大学领导也有此想法，但是顾虑较多。请教一下冯总，中层干部全部起立、竞聘上岗有什么好的经验可以分享下吗？

冯莉莉

经验有一些，教训也不少，如果以“事后诸葛亮”的心态，可能还能做得更好些。我谈几点体会吧：第一，营造氛围，各方达成共识很重要。中层干部全员竞聘打破了干部的“铁交椅”，会触动很多人的利益。所以事先要给大家做好充分宣贯。领导班子思想必须高度统一，同时事前寻求上级主管部门的支持。五年前我们的上级单位领导很支持，一些反对的声音得到了很好的消化。

孙鹏程

嗯，这一点很重要，没有思想的共识，行动上难免步调不一致。

冯莉莉

没错！第二点体会，要提前规划好出口。这是我们当时做得不够好的地方。因为干部全部起立后再坐下，肯定有人没有位置了，应该提前安排“下岗”干部的出路。不然，这些竞聘下来的干部如果没有被很好疏导，会成为组织的负能量来源。

秦晓芳

这确实是一个棘手的问题。冯总，你们后来总结哪些经验来解决这些问题呢？

冯莉莉

谈不上经验，这块儿其实是教训。后来我们总结了一套卢老师前面说的“双通道”职业发展方式，效果还可以。

马清波

你们是怎么设计的呢？

冯莉莉

我们后来的做法是在专业通道设置了“资深总裁”“资深总监”“资深经理”等非领导职务。管理干部没有竞聘上去的，就转到对应专业职务上。

孙鹏程

哈哈，冯总，你们这些“资深”名头取得好呀。所谓资深，就是曾经是的，就像我们常说的“资深美女”！

秦晓芳

孙处长可要照顾一下我们中年女士们的焦虑哈。

孙鹏程

抱歉、抱歉！嘴欠啦！确实这个名字取得有水平！佩服、佩服。这样一来，虽然有些干部从管理位置下来了，但是在组织内还是有一定的地位和名分，这样阻力也相对会少些。

冯莉莉

没错！不仅是名分，原有的一些薪酬待遇也基本保留了。

秦晓芳

如果这些转岗干部，待遇没有变化，大家是否都想去转岗了？这是否会走向另一个极端？！这样似乎对实职管理干部不太公平呀！

卢老师

秦主任说得没错！冯总介绍的这个竞聘下来的干部转专业通道的方法，我们现在很多客户都在用。我们很多单位通过建立“双通道、多序列”职业发展通道，来解决干部出口问题。有时干部“能上能下”不好解决，但“能左能右”还是不错的解决思路，所以现在很多单位有一个专属名词叫“转非”，就是转非领导职务。但是非领导职务相对应的实职干部，基本薪酬一般没有太多变化，但是绩效薪酬会打折，很多单位大概会给到60%~80%的水平。

秦晓芳

嗯，这样才是相对公平合理的方法。

孙鹏程

各位，我有一个问题。这些转非的干部有具体的工作安排吗？是留在原部门还是调到别的部门？

冯莉莉

这也是我们当时没有处理好的一个点。我们当时将这些竞聘下来的干部放到原部门，结果新旧领导都很尴尬，员工也不自在。后来我们领导想了一个不错的方法，将这些转非的干部一对一帮扶到分/支行，相当于分/支行行长顾问的角色。

孙鹏程

嗯，这方法很好！既能让这些转非干部有新的工作安排，也避免了留在原部门的尴尬。

冯莉莉

没错！其实这些总部下来的干部，本身经验很丰富，人际关系也很广，将他们派到分/支行一对一帮扶，确实能起到一定的作用。我们分/支行行长们也很欢迎，不用占用分/支行人员编制和工资总额，也不是班子成员，不用管人，就如同军师和参谋一样，这样三方都受益。

马清波

嗯，冯总单位的方法确实很好。我也介绍一下我们单位的做法。针对批量转岗的干部，我们会成立一个项目办公室。这些转非的干部就在这个办公室上班，平时也没有具体的工作安排。而一旦公司有一些专项课题或成立一些工作专班，我们就会从这个办公室来抽调人员。

秦晓芳

马经理单位的做法也很好！我有一个问题，这些干部以后还能担任实职干部吗？

马清波

当然可以。我们单位建立了一套干部竞聘机制。有空缺岗位拿出来竞聘，符合条件者，都可以去竞聘。所以有些转非的干部符合条件者也确实有竞聘上岗的。

冯莉莉

我们政策上也允许这样，但转非的干部很多是年龄较大的，我们在竞聘干部时会有年龄限制，所以实际上重新回到管理岗位的很少。

马清波

懂啦。

中层干部需要有任期吗？

孙鹏程

冯总，我再请教一下，你们通过竞聘上岗的管理干部是否有任期的要求？

冯莉莉

孙处又说到一个关键问题了。我们的干部任命都有任期要求。比如总行部门总经理任期就是三年，但是以前任期管理执行得不好，没有特殊人事调整，干部就一直这么干下去，他还以为是理所当然的。突然哪一天需要你转非了，他还不开心。我们现在将任期制做实了，干部任期一到，我们就会启动任期制评价，评价过后有三个可能：第一，续聘原职务，一般不超过两个任期。第二，转到别的部门任管理职务，通常是对调。第三，转非。这个通常是没有到退休年龄，但是年龄不适合再做管理干部啦。

孙鹏程

我明白啦，冯总单位是做成了一个制度性安排。很好！

马清波

对，现在我们国企按照上级主管部门的要求，都在推行干部的契约化和任期制，也逐步增强了对干部的激励和约束机制。

秦晓芳

嗯，我们医院作为事业单位，还是比较保守，这一点要向你们企业来学习。请问冯总和马经理，你们对干部的任期评价是怎么组织的呢？

马清波

我们现在按照上级要求，干部任命是有任期合同的，约定了任期内的工作权责、考核与激励措施。我们公司考核体系比较完善，所以任期评价将该干部任期内每一年的考核结果平均加权，作为任期的评价意见。

冯莉莉

我们干部是没有任期合同的，每年也有考核评价。我们的做法是任期结束，人力资源部门组织对干部进行一次任期评价，偏主观一点，采用360度方式评价。马经理公司的做法，我觉得更简单一点。

秦晓芳

除了中层干部外，你们的基层干部有任期要求吗?

冯莉莉

我们总行主管级干部和二级支行行长都属于基层干部，这个群体任期一般是三年。

秦晓芳

嗯，任期制是一个比较好的制度安排。这样为干部的能上能下提供了一个制度化的保障。

管理干部可以通过考核来淘汰吗?

孙鹏程

我请教卢老师和各位同人一个问题，管理干部如果没有到任期，可以通过平时考核来淘汰吗?这样干部平时就会有一种紧张感，而不是等到任期结束才有所作为。

马清波

我们公司有干部考核的末位淘汰机制，末位比例是10%。

冯莉莉

我们银行对管理干部有年度考核，考核不称职的干部要下岗，但是没有强制比例要求。

秦晓芳

我们医院每年底干部要做述职评价，但是没有明确的淘汰机制。

孙鹏程

秦主任单位的做法跟我们大学类似。可能我们两家都是事业单位的原因。这方面我们还是要向马经理和冯总市场化的单位学习。似乎马经理公司的干部末位淘汰机制更激进?!

马清波

是啊!正是因为激进，所以我们公司当管理干部压力很大呀。

冯莉莉 我们银行领导近期也提出了干部的末位淘汰机制，这一点正好请教一下马经理是怎么操作的。

马清波 好的，我介绍一下我们的经验，也请大家帮助指正。我们管理干部的考核周期是年度，但是平时每月公司对部门都会有考核。对部门的考核是公司企管部组织的，我们人力资源部门每月将部门考核结果作为部门负责人当月业绩得分，直接核算管理干部的绩效奖金。到了年底，我们会将12个月的部门考核结果算数平均得到该干部的业绩得分，占70%权重。然后年底组织一次对管理干部的360度测评，占30%权重。最后两部分加权后进行强制排名。排名前20%的干部就是优秀，后10%的干部就要被淘汰。

冯莉莉 这个淘汰不是离开公司吧？应该是转到别的专业通道吧？

马清波 没错！这就是前面我们讨论的“转非”！从管理通道转到专业通道。

孙鹏程 马经理，你们“转非”的干部后面还可以再竞聘上岗吗？

马清波 当然可以。干部考核在末位毕竟只是当年考核的结果，一次考核末位，不代表永远都是末位。现实情况中，我们有一批考核“下岗”的干部通过竞聘再上岗，干得还挺好。

卢老师 马经理说得非常好！我们有一些干部从管理岗位下来后，通过反思与总结，再上岗后往往干得很不错！其实这段经历对干部的成长是很有帮助的。

孙鹏程 嗯，确实如此！

秦晓芳 马经理，你们对于下岗干部再上岗，是否还有硬性条件要求呀？

马清波 有的，比如年龄要求。我们干部有年轻化的要求，一些下岗干部如果年龄大了，一般也不会报名参加竞聘。因为到年龄，也会一刀切。同时我们对竞聘干部有考核等级要求，比如上年度考核为C，是不能参加竞聘的。

秦晓芳：嗯，这个合理。不然某个干部因为考核末位刚下岗，过两个月又通过竞聘上岗，不是笑话吗？！

管理副职有淘汰机制吗？

孙鹏程：刚才大家讨论比较多的是部门正职，部门副职有什么样的退出机制呢？

马清波：退出逻辑都是一样的。比如副职也有任期要求和年龄要求，也有考核的末位淘汰机制。

孙鹏程：嗯，任期和年龄要求这些理解。但副职的考核是怎么进行末位淘汰的呢？

卢老师：孙处这个问题很好。这里有两点需要重点说明一下：一是副职怎么考核的问题；二是副职在哪里排队的问题。

冯莉莉：嗯，我也困惑这两个问题，请卢老师指点迷津。

卢老师：我们先说第一个问题，副职怎么考核的问题。部门正职的考核一般是直接挂钩所在部门的业绩。而副职因为分管内容不同，不能完全挂钩部门业绩。所以通常做法是给副职设计一人一表，将部门的共性指标和副职的分管内容结合，平时考核，年度平均。还有一种做法复杂些，副职平时的考核年底占一个权重，然后所在部门考核占一个权重，再加上副职本人的360度测评，得到副职的年度考核成绩，再进行排序。

冯莉莉：如果按照第二种，就需要将一部一册考核和副职的一人一表都做好？

马清波：是的，我们公司就是这么干的。

孙鹏程：那就进入第二个关键问题，副职在哪里排序？似乎不能放在正职排序，也不能放到员工排序。

马清波

是的。我们以前将部门副职放到部门跟员工一起考核排队，问题很多。因为副职肯定比大部分员工优秀，如果占用优秀名额，员工没有出头之日；如果副职发扬风格，让员工拿优秀名额，而副职的职业发展也会受到影响，毕竟现在竞聘都需要有考核成绩支持的。

卢老师

没错！一个单位考核单元需要事先划分好。通常，正职是在一个考核单元里面一起排队，对于规模大的单位，可以按照一线、二线划分正职考核单元。副职在另一个平行的考核单元中。员工按照部门划分考核单元。

孙鹏程

这样划分单元是合理的。可是带来了一个新的问题，因为每个部门副职不多，加上副职的考核是不同部门正职以及分管领导打分的，而不同领导打分手松、手紧差别很大，怎么解决副职考核的可比性问题呢？

冯莉莉

我们银行也有这个问题。对于分/支行的副职，因为同质化程度高、量化指标多，考核排序没有问题。而总部管理部门的副职考核就难搞了。

马清波

孙处问到了副职考核排名的一个关键问题。之前我们也有此困惑。去年请卢老师辅导我们绩效管理体系，帮助我们很好地解决了这个问题。我们现在就是用卢老师教我们的委员会合议法和联动排序法，效果很好。建议大家再读下卢老师的第一本书。

孙鹏程

嗯，我回去将卢老师《其实，绩效管理并不难》再读两遍。

秦晓芳

听了各位的经验介绍，感觉你们这些单位的干部还真不是好当呀。一直处于“危机”中。年度评价可能会被淘汰、任期到了可能不再续聘、年龄到了可能要转非、全部起立也可能落选。不过话说回来，这样干部才有忧患意识，组织才能永葆干部队伍活力！点赞、学习！

马清波

嗯，感谢大家的真知灼见！今天的讨论氛围非常好！我们稍事休息一下，再继续请卢老师来给大家辅导。

（辅导会中场休息……）

【读书笔记】

- 干部管理职数要严格控制。通常管理幅度7～8人，一线部门放宽到10～12人，二线部门可以缩小到5人。
- “双通道、多序列”优点：解决官本位思想、拓宽员工职业发展空间；有些技术/业务高手不适合做管理者，大家各得其所；将干部的能上能下机制改成能左能右，减少阻力。
- 干部管理机制：包括干部选聘机制、干部退出机制、任期制和考核机制，同时要营造良好的干部文化氛围。
- 干部公开选聘：要制定制度和组建竞聘委员会。流程：发布招聘标准、候选人报名、资格审查、竞聘演讲、评委打分、审批、公示、任命等。
- 竞聘不是唯一的决定因素：竞聘更多是发现人才的模式，而非决定人才的模式，候选人的工作经历和组织内的共识更为重要。
- 全部起立方式：组织架构重大调整时采用全部起立方式效果好。核心要点：做好宣贯、形成共识；规划好出口、减少阻力。
- 干部任期和考核：干部必须有任期要求，任期到了要进行任期评价。干部在任期还要接受平时考核和年度考核，考核不合格，需要转到专业通道。
- 副职的管理机制：副职也要有任期和考核机制。副职要划分单独的考核单元，确保副职考核的可比性。

3.3 如何实现员工的能进能出？

故事导入

中场茶歇的时候，一些与会者纷纷感叹现在单位的中层干部明显不如以前好当了，都“卷”得很。动不动就全部卧倒、每年考核有末位淘汰、任期到了还要转非，等等。即便缺少了原来当干部的安全感，大家还是普遍认同这才是干部管理该有的样子。

可是员工怎么办？不合适的员工能淘汰出局吗？劳动用工制度改革似乎比干部人事改革更难。

中场休息结束后，辅导会继续进行。城商银行总行人力资源部总经理冯莉莉提出了一个大胆的想法……

什么是“双选”？

冯莉莉：卢老师，关于定员问题，近期我们银行主要领导提出一个“双选”的概念，您怎么看这个事情？

秦晓芳：什么是“双选”？

卢老师：“双选”就是双向选择：部门负责人选员工，员工选部门负责人。这通常是一个比较重大的人事改革动作。

马清波：嗯，这事我们单位以前在集团职能部门干过。我们内部戏称为“干部、员工手拉手”。

冯莉莉

太好啦，马经理，我们找到了学习标杆。可否介绍一下双选的操作流程以及相关经验？我们参考一下。

马清波

第一，启动双选动作前，各部门管理干部要先就位，包括部门正副职。第二，要成立双选领导小组和工作小组。我们领导小组是我们分管人事的副总牵头，工作小组设在我们人力资源部。第三，各部门发布岗位设置图和岗位说明书。第四，员工报名想去的两个部门及两个意向岗位，要排序。第五，部门和员工磋商，达成共识。第六，发布双选结果，有问题者公司层面进行协调和沟通。

冯莉莉

感谢马经理，这个流程很清晰。我有一个问题，员工填报意向岗位时，类似我们高考的平行志愿吗？

马清波

有点类似。我们将有意向岗位的员工都推送给对应部门。部门负责人随后跟申请人进行私下沟通。如果部门负责人和员工达成共识，就到我们人力资源部备案，人岗匹配锁定后，该岗位就不能被选择，该员工也不能选别的岗位啦。

秦晓芳

如果某个岗位没有员工报名或者部门没有看上申请人怎么办？

马清波

嘿嘿，我们的部门负责人都很主动的。他们私下早就开始行动了，有些他们看上的员工，就会主动去谈，只要谈拢，我们人力资源部都会进行备案。当然，也有没谈拢的，岗位就会空缺。

孙鹏程

马经理，你们是否有信息化系统来匹配这个双选流程？

马清波

是的。我们自己开发了一个简易系统。将部门岗位和员工花名册设置好，员工登录后可以自主报名。一旦人岗匹配后，岗位就会减少、人也会减少。剩下的员工和剩下的岗位可以再进行第二次报名匹配。

孙鹏程

那这样效率岂不是很低？多轮次下来，人岗一直不匹配，不会影响工作吗？

马清波

其实还好！根据我们的实践经验，60%的员工都选择了原部门原岗位，还有20%的员工选择了原部门其他岗位，员工在部门内部做了岗位调整。部门80%的人基本都是明确的，所以对工作没有明显影响。而且我们要求各部门做好工作预案，也给部门员工做过多轮次宣贯。我们公司明文规定，未经正式人事调动的员工必须干好原岗位工作。而且双选的时间段基本都是在周末，所以对实际工作的影响还是比较低的。

冯莉莉

太好了！这些都是宝贵经验。有一个问题，双选到最后，是否还是有岗位空缺和人员闲置？

马清波

当然有。有80%的人留在了原部门，有15%的人通过部门和申请人协商到了新部门、新岗位，还有5%左右的人没有实现人岗匹配。这时我们人力资源部就会跟部门及员工协商，尽量协调安排员工上岗。

冯莉莉

那总还是有员工没有岗位吧？

秦晓芳

没错！有些员工这个部门不要的，估计别的部门也不要，这才是头大的事情。

马清波

不瞒大家，我们最后是有3个人没有找到岗位。当时，处理这几个人让我们很头大。我们最后在公司领导协调下，将他们从机关调到一线单位。一线单位的领导也头大，说我们总部尽甩包袱给他们！所以我也想请教卢老师和各位同人，有什么好的方法？

卢老师

这种情况，建议可以启用“冰箱计划”。

什么是“冰箱计划”？

马清波

卢老师，什么是“冰箱计划”，听起来很新鲜呀！

卢老师：“冰箱计划”就是将一些没有部门要的员工暂时放到一个专门的部门，找机会再上岗。因为这些员工很多在原部门表现出一定的负能量，所以有单位希望将这些负能量员工给“冷藏”起来，故别名叫“冰箱计划”。

秦晓芳：哈哈，这个名字很有创意，也很形象！在我们医院也有这样的极少数员工，工作能力一般，态度也不好，还经常抱怨，就是我们常说的“刺头”。这令各部门也很头大。如果将这些员工化整为零，放到各个部门，每个部门都没有安宁之日，倒不如放到一个部门集中管理起来。我是举双手赞成“冰箱计划”的。

马清波：可是这样我们人力资源部就头大啦。这些人还不得我们去管理吗？

冯莉莉：我也支持“冰箱计划”。即便是人力资源部专门派人管理这些人，也是值得的。因为将这些人放到每个部门，他们就是部门的负面标杆，会影响部门的生态环境，倒不如将这些人集中起来。牺牲一个部门，幸福大多数部门！同时部门管理者以后不能再找员工的借口啦，这些人都是你部门自己选的，你们部门不要的人单位也给你接盘了。

孙鹏程：那这些人还是可以上岗的吧？

卢老师：当然。其实“冰箱计划”只是一些单位的戏称，更标准的称呼是“内部人才市场”，也有单位称为“活水计划”。“问渠那得清如许，为有源头活水来”。一个组织要有活力，必须让水流动起来。我们有些员工原部门不要他，并不代表员工不行，有时候是部门管理者和员工不太合拍，通过内部人才市场，一些员工找到合适的部门和岗位上岗，这就是正面的作用。

马清波：没错！我们有些部门管理者有些长官意志，跟员工搞不来，员工想调动工作还不让，别的部门也不敢要，最后逼得有些员工辞职。现在通过这个内部人才市场，可以让员工周转一下，最大限度提高人力资源使用效率。

孙鹏程：嗯，这主意不错！如果有些员工一直没有部门要，怎么办？可以解除劳动合同吗？

卢老师：这里还有几个策略：第一，人力资源部给这些员工要做一些待岗培训和日常的沟通疏导，尽可能推荐去用人部门面试或上岗机会。第二，对其中年龄较大的，符合内退规定的，可以办理内退手续。第三，协商解除劳动合同，给予补偿。

孙鹏程：如果上述策略都行不通，怎么办？

卢老师：最后一招，冷冻起来，直到他退休！

孙鹏程：哈哈，这是我们国有企事业单位没有办法的办法：以时间换空间！

秦晓芳：嗨，看来我们这些单位都是同病相怜呀！

待岗员工的工作和薪酬怎么安排？

冯莉莉：卢老师，这些待岗的员工，工作怎么安排？

卢老师：这要看这些人的具体情况。有些单位有一些临时性任务或成立的工作专班，可以从里面抽调一些人。当然也要跟他们协商。没有任务的时候就会安排一些培训。有些单位让这些人回家待岗，定期到单位来打个卡或定期沟通。大部分其实并没有实质的工作安排。

冯莉莉：他们不做事没有关系，只要不惹事就行！

卢老师：是的。

秦晓芳：这些人还发薪酬吗？

卢老师：当然，很多单位对这些待岗员工的基本工资一般是按全勤发，绩效奖金一般是打折发。

马清波：这些人不干活还拿钱是否不合理？

秦晓芳

是不合理，可是我们这样的单位有什么办法呢？！你想呀，这些人如果在各部门，不是照样不怎么干活也拿钱吗？而且拿钱还不少，让别的员工比较起来，感觉更不公平。还不如“冷藏”起来，至少让部门其他员工没得比较。

冯莉莉

嗯，我同意秦主任的意见。这是“两害相权取其轻”的方法。不过，这样的人一是少数，二是历史遗留问题。现在我们还是要建立全员劳动合同制和员工绩效薪酬管理制度，让人员管理更规范。一些不合适的员工，逐步通过绩效管理和薪酬分配体现差异化，实在是达不到组织要求的，就通过劳动合同不续签或提前解除劳动合同来处理。我们近来处理了一些这样的员工，也参与了一些劳动仲裁，总体来讲，逐步形成了新的用人局面。当然现在社会风气也在发生变化，现在的压力不是我们辞退员工，而是单位被员工“辞退”哈。

秦晓芳

是的，老人通过时间在逐步消化，一旦新用工氛围形成，员工能进能出会越来越顺畅。

卢老师

没错！员工能进能出的问题对于很多国有企事业单位来说是一个老大难问题，也是改革的硬骨头。但是，随着国家各项法规和配套举措的逐步完善、人们观念的转变，以及单位人力资源管理制度的完善，这个问题得到了很好的改观。

可以将员工外包出去吗？

秦晓芳

卢老师，近期我们医院领导提出，可否将医院的一些非核心业务外包出去？以此来减轻医院的用人压力？

卢老师

嗯，人力资源外包是目前很流行的趋势，大家有什么看法呢？

孙鹏程

我们大学的保洁、保安、食堂都是外包的，我们也都是通过招投标来选定外包单位的。现在社会上有很多这类专业化的人力资源外包公司做得都很不错。

冯莉莉

对，我们银行也大量用到了业务外包，除了孙处说的后勤业务外，我们还将客服热线业务也外包了。

秦晓芳

冯总，银行客服热线在我理解是银行比较重要的服务职能，这也可以外包吗？

冯莉莉

说实话，这些话务员刚开始不是外包，而是派遣制。后来国家对派遣员工的比例有限制，我们就改成了业务外包。除了身份不是跟我们银行签劳动合同，其他管理要求跟内部员工差不多。

马清波

冯总，你们这是“真派遣、假外包”！这个好像也不符合政策要求。

冯莉莉

确实是！现在我们正在优化以满足合法、合规的要求。当时这样的操作确实对我们的人员管理有帮助。因为话务员岗位流动性比较大，加上现在互联网的普及，这块儿的用工主要分布在三四线城市，这样人工成本低很多。

卢老师

没错！未来人工智能的快速发展，这块重复性工作会大幅减少，对人员需求也会大幅减少。

秦晓芳

有一个问题，业务外包我感觉不一定能省钱吧？原来是自己人干的，属于人工成本，现在变成了外包费用，也还是一个单位的成本支出。只是左口袋变成了右口袋。

冯莉莉

我感觉成本不会省很多，但是可以让一个单位聚焦于核心主营业务。毕竟社会化的分工越来越细，让专业的人干专业的事情嘛。

孙鹏程

我觉得外包还是省钱。倒不是省人员成本，而是省管理成本和隐性成本。这块业务如果自己干，加上体制类单位的复杂，人的管理问题头大，员工工作做不好，有时还不敢多说。外包给专业化公司，市场化管理，专业度高，同时管理也简单。有问题可以直接提要求，实在不行还可以换外包商。

秦晓芳 嗯，孙处说得在理！体制内的人，有时比甲方还甲方，现在变成乙方，管理确实更简单。

卢老师 除了大家说的这些，外包还有一个好处，就是应对业务的淡旺季会好很多，管理的柔性会增加。

马清波 这一点确实很重要。有时业务旺季到了，需要大量人工，如果自己招聘，到了业务淡季，就会闲置。而外包公司一般项目比较多，可以在项目之间调配人力资源，可以更好地解决忙闲不均的问题。

秦晓芳 这一点确实不错！这种外包业务一般是技术含量低、容易上手的工作吧？

卢老师 是的。外包一般是单位的非核心业务，而且社会上有较多的专业化公司可以选择。

秦晓芳 卢老师，正好我有一个问题。前不久，我们有一个医院领导提出来，是否可以将医院的药剂科外包？因为领导觉得现在医院药品零加成，药剂科成为一个完全的成本中心，医院人工成本支出很大，可否整体外包出去？

卢老师 我不建议将医院的药剂科整体外包出去。因为药学是医院业务流程不可或缺的一环。而且现在药学概念很广，不仅仅是调配药品，其他如临床处方点评、用药安全、药品实验、配合临床做科研等，都是医院的核心业务。药品零加成只是国家的一种管控政策，药剂科不能当作一个简单的成本中心。

秦晓芳 嗯，卢老师对我们医院情况很熟悉。我很赞同您的观点。我们药剂科确实有您说的这些专业工作，但主要人力还是在药品的调剂发放，这块儿工作可以外包吗？

如果单纯是药品调剂发放人员，是可以用一部分外包人员的，但是业务必须是本院直属管理。当然这块要找到专业化公司，并且对人员资质要提出严格要求。另外，随着一些自动化配药机的实现，现在这块的人力资源也逐步通过机器来替代了。 卢老师

秦晓芳 确实如此，感谢卢老师的中肯建议！

现在的员工可以转为外包身份吗？

冯莉莉 卢老师，关于外包还有一个很现实的问题请教一下。原来有些业务我们用的是自己的人，跟单位签订的劳动合同，现在将这块儿业务外包，原来的人怎么办？

马清波 这些人不应该随业务走吗？

秦晓芳 马经理，可不是那么简单的。这些人原来是单位的正式员工，如果将业务外包了，这些人转签到外包公司，这些员工会干吗？！至少在我们单位会闹翻天的。冯总的问题也是我想问的，我们近期就在探讨这个问题。

马清波 看来是我将问题想简单啦。我们公司市场化程度比较高，很早就有社会化用工，所以没有处理过这类情况。卢老师和各位同人有什么高见呢？

孙鹏程 我们大学还好。因为我们是事业单位，一直就有临时用工。而这些外包业务原来就是临时工干的，所以外包时明确要求中标的外包公司要接收这些员工，签署劳动合同，并且待遇只增不减。员工这边做好动员和思想工作，总体转换非常平稳。

冯莉莉 孙处单位的这种转换比较丝滑！但是有前提条件，将临时工转换合同

工相对容易。要是单位的一些正式员工，不愿意转换到外包身份怎么办呢？

卢老师：这个问题确实比较棘手，我提几点建议：其一，业务外包后，有些原来的员工可以转换为外包业务的监督者，当然是业务熟练、有一定管理能力的人。业务外包后，我们还是要有人与外包单位进行日常业务沟通和业务监管的。

冯莉莉：嗯，这是必需的。只是这种人比较少，其他员工怎么办？

卢老师：其二，可以调动到其他部门，前提是有其他部门招人，员工也符合岗位要求。其三，可以搞“老人老办法，新人新办法”。业务外包后，有些员工不愿意转换到外包身份，可以继续干原来的工作，保持身份到劳动合同到期或到他内退或退休。

秦晓芳：哈哈，这又是我们体制内改革的最后一招：以时间换空间，用时间来消化，这也是没有办法的办法。

冯莉莉：这确实是一个办法，但是否会出现这样的局面：同样的工作有两种身份的人在干，是否会出现相互比较、同工不同酬的局面？

卢老师：肯定会出现这种情况。当然在工作安排时，可以将这些人的工作任务跟其他外包员工做一些分离，比如不同的工种或者同一个工种在不同的班组，这样可以避免直接比较。

马清波：各位，我有一个思路，这些社会化用工可否通过主辅分离的方式来整体剥离？

卢老师：马经理的意见非常好！现在我们一些大型的央企集团就是这样操作的。将主业和辅业分离，这属于集团大动作，成立集团下属的三产公司，将原来非主营业务逐步分离到这家辅业公司，包括领导、中层干部和员工集体划转到新公司，重新签署劳动合同。毕竟这些公司都在国企名下，所以员工还是国企身份，这种转换很平稳。当然比较适合大型单位的整体改革。

冯莉莉：没错！我们几大国有银行当年都做过这种主辅分离的改革。我们银行大楼的物业管理就是其中一家国有银行的下属物业公司来承接的。他们也是通过招投标进来的，服务还是很专业的。

卢老师：没错！最近还有一个趋势，我们一些大中型企事业单位也会成立下属的人力资源服务公司。将一些非主营业务或低价值的业务全部打包到这家公司，人员也跟着划转。这样不仅可以主辅分离，这家人力资源服务公司还可以承接外部业务，做一些服务输出，为组织创造价值。

马清波：是的！而且我还听说国有企业的人力资源服务公司也会引进社会上的专业单位进行混改。这样，既有国有企业的背景优势，又能借鉴民营企业的运营效率。这样员工身份统一划转是相对好操作的。

卢老师：现在很多省、市国资委都成立了人才集团，这些人才集团很重要的一块儿业务就是为国有企业和全社会提供人力资源外包服务。这样也为员工身份转变提供多种保障。

冯莉莉：这些思路确实不错，值得尝试！

（辅导会继续进行……）

【读书笔记】

- 员工能进能出“三大”策略：“双选”“冰箱计划”、员工转外包。
- 双选就是双向选择：部门负责人选员工，员工选部门负责人。
- 双选流程：需要建立一套匹配流程，岗位发布、员工申报、部门与员工磋商、单位协调。
- “冰箱计划”：各个部门都不要的员工，往往也是组织的负能量来源，放到一个统一的部门“冷藏”起来。划零归整，统一管理。牺牲一个部门、幸福大多数部门。
- 待岗人员可以弹性安排工作，收入要有差异。
- 业务外包：主辅业务分离，减少管理成本和隐性成本。内部员工可以随业务划转至第三方外包人力资源公司，或者旗下成立人力资源外包公司，员工划转到这家人力资源外包公司。

3.4 如何做到人尽其才？

故事导入

辅导会进入尾声……

劳动用工制度改革解决定员中的进和出的问题。但这些员工在现有岗位上是否发挥了最大的效能？是否人尽其才？这些才是定员中永恒的难题。

人岗适配不是完成时，而是进行时。这个问题很重要，可惜被很多组织忽略了。

糖人通讯人力资源部经理马清波提出了他的问题……

如何让员工发挥出更大的效能？

马清波：卢老师，我们行业竞争压力大，这两年我们公司的业务增长有点乏力，所以我们公司领导近期总是在大会小会上提人均效能的问题。我理解提高人均效能就是两个解决方案：减少分母（人数）或增加分子（业务产出）。增加分子我们人力资源无能为力，减少分母就是我们前面所说的人员定编。还有其他好的方案来提高人均效能吗？

冯莉莉：马经理，我觉得增加产出我们人力资源部门也是可以间接起到作用的。业务都是人去干的，按照卢老师的天平模型，人激励到位了，产出自然增加了。

卢老师：冯总说得没错！提高人均效能不仅仅是减少人数的问题，还有一个是现有的人员是否发挥了最大效能的问题。这里除了天平模型说的考核与激励手段之外，还有一个岗位管理中的人岗匹配和人尽其才的问题。

孙鹏程

嗯，这个观点我很认同。人岗错配也会让组织浪费很多资源。

冯莉莉

确实如此。我们一些员工对自己适合干什么并不了解，或者以为适合，其实并不适合。导致有些员工在本岗位上没有做得很好，但很多时候并不自知。如果能提供一些机会，让员工在内部做一些更好的岗位匹配，这也体现了人尽其才的目的，也是提高人力资源效能的方式。

马清波

冯总说的情况很普遍。我们公司最近在做人才盘点，发现一些员工自己可能也很努力，经理们也很用心地辅导，但员工的业绩改进似乎并不明显。卢老师，这种情况是否就是我们说的人与岗不是很匹配？

卢老师

没错！全球知名数据调查公司盖洛普通过大量调查，写了一本很有名的书：《首先，打破一切常规》，很适合各级管理者研读。书里面就有一个很有意思的结论，将这种现象称为“经理协助下的员工职业自杀”。

秦晓芳

啊，这么危言耸听呀？！

冯莉莉

没错！卢老师说的这本书我读过，这本书的姊妹篇《现在，发现你的优势》也非常好！可以让管理者更好地认识自己和员工，可以更好地帮助员工做职业规划。

卢老师

是的。这本书中谈到了知识、技能和才干三者的关系，颠覆了人们通常的认知，很有启发性。知识和技能可以通过培训或训练后天获得，而才干是贯穿一个人始终的思维、感觉和行为模式，很多是先天具备的，后天通过培训也有可能转变，但是难度很大。

秦晓芳

这是否就是我们老祖宗说的“江山易改、本性难移”？

卢老师

差不多吧！但是古语这句话略带点贬义，可能老话常说的“三岁看大、七岁看老”更贴近些。我们每个人有特定的才干特征，而每个岗位有特定的才干要求，如果这个人和这个岗位的才干要求不匹配，即使员工很努力、经理们很用心地培训和辅导员工，效果也并不好。关键是很多员工和经理都没有认识到这点，这种现象就称为“经理协助下的员工职业自杀”。

马清波：那这种情况的解决思路是否就是给员工调换岗位？

卢老师：是的。但这种换岗不是随意的，而是有目的的。你首先需要评估员工的才干特征，其次需要建立岗位的胜任力模型，然后再来进行人岗匹配。

马清波：那这样工作量是否很大？成本很高吧？

冯莉莉：马经理，这个我觉得值得投入。我们很多员工都在忙，但是忙得没有成效、没有产出。如果人跟岗位能匹配得更好一点，我觉得组织受益、员工也受益。相比较而言，这个投入成本就是小钱啦。

马清波：那确实是。人岗不适配，员工就是瞎忙！

如何构建岗位胜任力模型？

冯莉莉：卢老师，如果要知道人岗是否适配，我们首先要建立岗位的胜任力模型吧？这个模型该怎么构建呢？

卢老师：岗位胜任力模型的构建是一个技术活儿。我们专业咨询公司经常会参与构建这些体系。目前有两种流派构建岗位胜任力模型：一种是基于能力构建，另一种是基于行为构建。

冯莉莉：哦，两者有什么区别呢？

卢老师：基于能力构建胜任力模型比较常规。我们通常是将要分析的某一个岗位族的员工分成绩优组和普通组，通过访谈问卷等方式对比两组绩效差别的原因，并构建该岗位族的能力要素，然后建立不同级别的能力等级。比如客户经理很重要的能力要素是结果导向。不同级别客户经理能力等级是不同的。请大家参见投影附表。

能力要素：结果导向	能力级别
资深客户经理	5级
高级客户经理	4级
中级客户经理	3级
初级客户经理	2级
见习客户经理	1级

马清波：卢老师，我们公司之前合作的一家咨询机构，他们每个岗位族都有现成的能力词典来匹配，这样可以吗？

卢老师：这样会很快，但是通用岗位能力词典可能不一定适合每个单位的情况。所以我们有些单位会自己构建能力词典。

马清波：懂了！那第二种基于行为来构建胜任力模型，这个提法比较新鲜，是如何操作的呢？

卢老师：这也是近些年提得较多的一种方法论。我们知道能力是比较抽象的概念，而且能力模型构建起来后，对能力的评价大多是主观的。于是业内提出另一种思路，基于行为来构建胜任力模型。因为人的能力很多都是通过行为去表现出来的。

冯莉莉：嗯，这个思路比较好！我记得卢老师的第一本书《其实，绩效管理并不难》中，专门讲到了考核的两条基本原则：能量化的量化，不能量化的具象化。将能力要素具象成行为事项，有利于后期的客观评价。

孙鹏程：对，我记得卢老师书中的一个金句：有数说数、有事说事！

卢老师：呵呵，看来大家都耳熟能详啦！没错！用行为代替能力构建胜任力模型就是出于这样的考虑。

马清波：这是很好的创新，请卢老师展开说下具体方法。

卢老师：基于能力构建胜任力模型是提炼岗位的关键能力要素，而基于行为构建胜任力模型是提炼岗位的关键行为动作。我们通常会用到STAR方法。请大家参见投影附图。

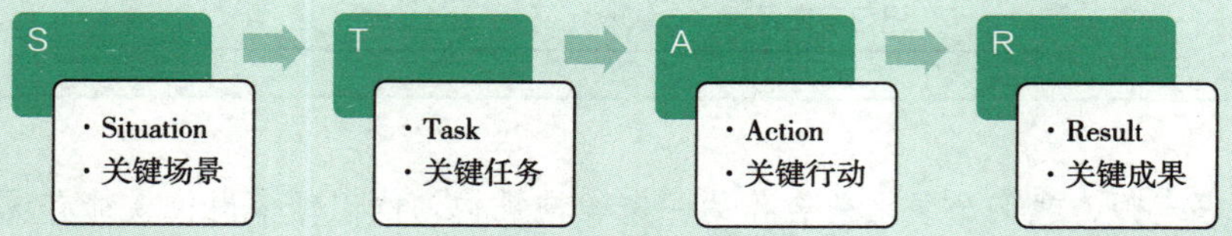

马清波：这个STAR原则，好像在招聘面试的考官提问技巧中学到过。

卢老师：没错！原理是一样的。基于行为来构建胜任力模型有以下步骤，请大家看下投影附图。第一步，先提炼岗位的关键场景（Situation）。比如一般行业的大客户经理，关键场景有售前客户开发、售中客户签单与交付、售后客户服务等。第二步，提炼每一个场景下的关键任务（Task）。比如售前客户开发的关键任务有：客户挖掘、客户拜访、方案制作、客户路演等。第三步，再提炼每一个关键任务下的关键行动（Action）。比如客户拜访有：电话营销、陌生拜访、会议营销等。关键成果（Result）就是我们常说的考核指标KPI，比如销售收入、回款、客户满意度、拓户数、CRM（客户关系管理系统）资料等。

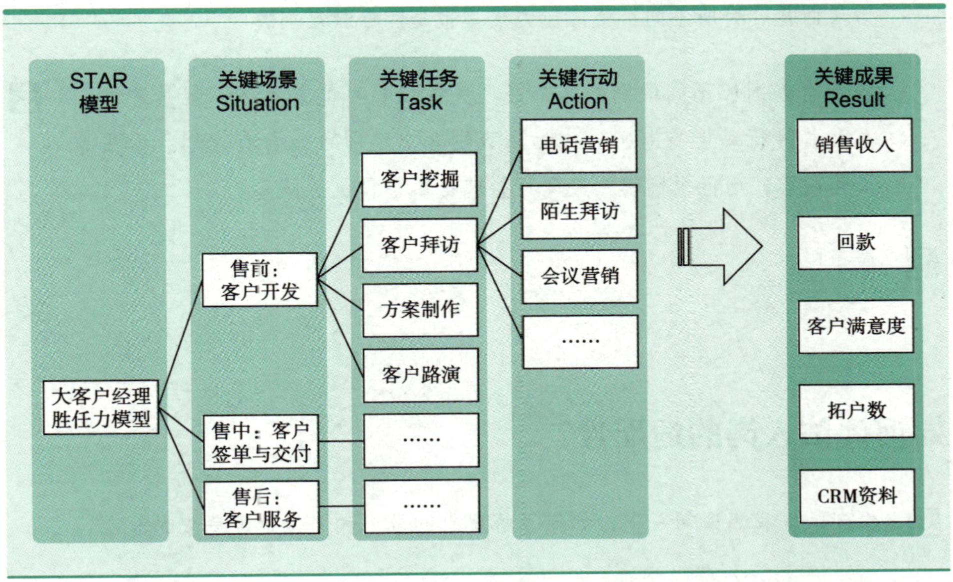

冯莉莉：嗯，这个基于行为来构建胜任力模型比较好。因为一个大客户经理能力再强，最终应该体现在关键成果产出上，而关键成果需要关键行动来推动。没有完美的过程，哪有完美的结果。这个比基于能力构建胜任力模型我感觉要更实用。不过这样做工作量应该比较大。

卢老师：没错！基于行为来构建胜任力模型，确实工作量会大很多，但这样做是值得的，因为不仅可以用作人岗适配的标准，也可以用于员工培训的依据。

冯莉莉：卢老师提醒了我，基于能力构建的胜任力模型，培训体系还需要重新设计，因为能力比较抽象，所以课程设计的针对性不好把握，培训质量也是参差不齐。但是基于行为构建的胜任力模型，直接可以用作培训的大纲，而且这种培训可以边学边练，学习效果好很多。

马清波：完全赞成冯总的观点。基于行为构建胜任力模型应该是未来的主方向。不过我有一个问题请教一下卢老师。比如刚才举例的大客户经理岗位，可能在组织里面有很多层级，如资深客户经理、高级客户经理等，行为层面是否有所不同？就像能力模型也是有分级差别的。

当然有差别！不同级别的客户经理关键场景可能差不多，但是关键任务和关键行动上有差别。比如高级别客户经理可能会有策划、牵头等工作内容，而低级别客户经理可能就是参与和执行任务。
卢老师

马清波
懂了！

如何评估人岗的适配性？

孙鹏程
卢老师，我想请问一下，如何了解现有的员工和岗位是否适配呢？

人岗适配是一个大命题。首先是员工上岗前就要把关，将合适的人放在合适的岗位上。所以我们就需要知道岗位的胜任力模型，然后我们评估候选人的知识、能力和才干特征是否符合岗位的胜任力要求，两者匹配才是合适的。
卢老师

冯莉莉
所以招聘人不是找优秀的，而是找合适的？

准确地讲，应该是在匹配的人选里面找优秀的。
卢老师

孙鹏程
那如果人都招进来了，怎么判断这个员工是否适合这个岗位呢？

这就需要用到人才盘点的技术。
卢老师

秦晓芳
人才盘点？

对，人才盘点就是对现有员工在岗位的适配情况做出评估，并将干部和员工进行一定的归类，后续为人员调整或培养计划提供指引。
卢老师

秦晓芳
具体怎么操作呢？

人才盘点有很多种方式。我们用得比较多的人才盘点，就是在一定周期内对单位的干部或员工进行业绩和胜任力两个维度的人才画像，并将干部和员工放到不同的网格，后续进行针对性的行动。

卢老师

马清波

我们公司之前做过人才盘点，用的是效能方格，评估员工的业绩和能力两个维度，形成九宫图，然后分别将干部和员工放到不同的方格里面。

是的。效能方格是比较经典的人才盘点模型。请大家看下投影附图。

卢老师

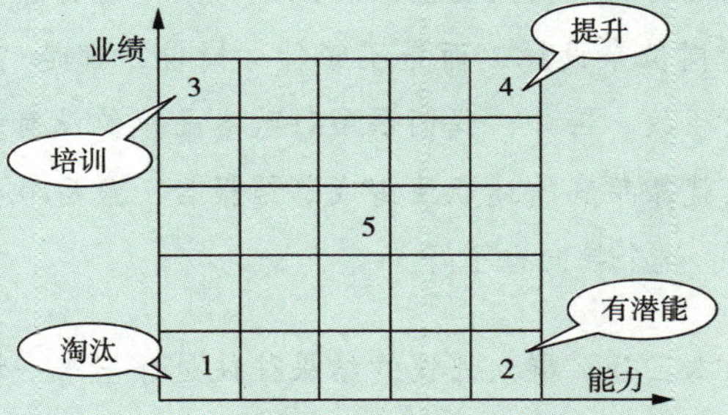

员工效能方格

冯莉莉

这个效能方格是否也可以用来做干部和员工考核？我印象中国内有一家著名的股份制商业银行就是用类似的九宫图方式，然后将干部和员工归属不同的方格，如A1、A2、A3、B1、B2、B3、C1、C2、C3。

没错！效能方格可以用来做考核，但是用在人才盘点上效果更好，可以更好地判断人岗的适配性并为后续人员发展计划提供帮助。

卢老师

冯莉莉

这两个维度的评价模型是否有不同之处？

是的。业绩维度我们通常是用一人一表来评估的。这在我的第一本书《其实，绩效管理并不难》中有过详细的描述。一人一表是基于岗位的产出结果，有数说数、有事说事。每个月或季度有考核，年底将平时

卢老师

考核结果算数平均或加权平均，得到业绩维度的分数。

冯莉莉

能力维度的评估是否就是我们常说的360度考核？

卢老师

没错！360度考核也称为多角度反馈，一般由被评价者的上级、同级、下级或客户进行评价。

秦晓芳

我们医院年底也会进行干部的群众评议，员工互评打分。这样是否属于360度考核？

卢老师

应该说形似神不似。这些年我接触的医院也比较多，医院作为事业单位，这一块儿还有较大的改进空间。比如，关于能力模型，我们很多单位没有基于岗位来设计，而是不管什么岗位，都是“德能勤绩廉”五个字，比较粗放。再如，我们很多行政事业单位没有基于岗位的一人一表，考核就靠年底的述职演讲或总结报告，最后考核成绩就是群众评议的结果。这个导向也不好。

秦晓芳

卢老师说得入木三分。群众评议的结果往往是评出来一堆老好人，这对组织来讲，可不是什么好事。

孙鹏程

嗯，我们大学也是如此。这一点我们要向企业来学习。

冯莉莉

我们也永远在路上。我们要向卢老师和马经理来学习。

马清波

大家都过谦啦。我们也有很多需要改进的地方，所以请卢老师来给我们做辅导。请教一下卢老师，能力维度是否要建立适合岗位的胜任力模型，然后再组织评价？

卢老师

没错！我们很多企事业单位用的“德能勤绩廉”也是一种模型，只是所有岗位都用它，比较粗放。所以我们需要建立基于岗位的胜任力模型。这种模型就是个性化的，评估得更精准。

冯莉莉

我认为更适合的模型应该还是卢老师前面介绍的基于岗位关键行为的

胜任力模型，这和比基于能力的胜任力模型更容易评价。

卢老师：确实如此。业绩维度是我们看到的结果，行为是促成结果的原因，而能力属于更底层的冰山下面的内容，隐藏很深，所以不好显性评价。

冯莉莉：嗯，这个总结很到位。有一个问题请问一下：能力的评价我们通常用360度评价，行为评价怎么评价呢？

卢老师：我们一般会成立岗位序列的评价小组，小组包括员工的主管、序列高级别的资深员工等，定期对员工的行为做出评价。行为评价的量表描述的是员工展示出来的行为与岗位关键行为动作的一致性，以此来评判员工岗位胜任力的符合度。

冯莉莉：最后呈现的结果也是通过业绩和胜任力两个维度对干部和员工进行分类？

卢老师：没错！我们很多单位是将业绩和胜任力两个维度的评价结果加权组合，用来对干部和员工做综合考核，实际上平面组合的方法用在人才盘点上会更精准，因为平面组合采用类似XY轴形成的平面结构将干部和员工归类到不同的方格，这样对干部和员工的职业发展更有帮助。

冯莉莉：懂了。

人才盘点结果后续如何应用？

马清波：卢老师，人才盘点给员工定位后，结果如何应用呢？

卢老师：人才盘点不同于考核，考核结果通常跟员工的“三子”：面子、里子和位子挂钩。而人才盘点主要用来评估人岗适配度，并跟员工职业发展挂钩。根据前面的业绩和胜任力平面组合模型，这里就有典型的四种应用场景。请大家看下投影附表。

2 高业绩、低胜任	1 高业绩、高胜任
4 低业绩、低胜任	3 低业绩、高胜任

马清波

第1方格高业绩、高胜任就是单位的“白名单”吧，这些应该是要提升的对象？

卢老师

没错！这些员工人岗适配很好，不仅胜任岗位的要求，而且业绩出色，如果持续如此，就应该是组织要提拔或重点培养的对象。

冯莉莉

那第4方格低业绩、低胜任是否就是单位的“黑名单”，这些员工就是要淘汰的对象吧？

卢老师

如果是管理干部处于第4方格，一般是免去管理职位，调整到非管理职位，也就是专业通道的专业或技术岗位，这些人原来就是技术或业务的好手，不适合担任管理职位，不代表不适合做技术或业务工作。如果员工处于第4方格，一般会先调整岗位，匹配到员工可能适合的岗位，再观察其业绩情况。如果业绩还是不如意，一般市场化程度高的单位会进行末位淘汰，而国有企事业单位没有特别好的出口机制，通常就是待岗或放到“冰箱冷藏”。

冯莉莉

哈哈，这个“冰箱理论”确实很形象！

秦晓芳

卢老师，第3方格低业绩、高胜任的员工该怎么处理呢？

马清波

第3方格既然是高胜任，说明这些员工人与岗的匹配没有问题，问题是业绩没有达到预期，应该是多给他们一些机会吧？有时候业绩也跟运气有很大关系。

卢老师

是的。业绩跟组织设定的目标高低有关，而目标跟大环境又有关联。所以有时候员工胜任岗位要求，但是没有表现出应有的业绩，我们需要给员工一些容忍度，多给一些表现的机会。但是也不能让员工一味躺平等业绩，管理者需要对其进行针对性的绩效辅导，期待业绩的转变。

孙鹏程

如果给了员工机会，也做了绩效辅导，员工绩效还是没有提升，怎么办？

那就说明这个员工并不适合这个岗位，之前的胜任力评估是有问题的，那这个员工就不应该在第3方格，而应该在第4方格，比较好的方法就是将其调动岗位，重新进行人岗适配。

卢老师

冯莉莉

我同意卢老师这个观点。业绩是人岗适配的终极标准，胜任力最终要体现在业绩层面。如果一个员工持续达不到岗位的业绩要求，说明其人岗适配是有问题的。

孙鹏程

我也认同这个观点。那第2方格的高业绩、低胜任该如何处理？

马清波

我想应该是加强培训吧！这些人业绩好，可能运气成分居多，但是人岗并不适配，那就针对他们的胜任力短板进行培训。

没错！不光是第2方格的需要短板提升，其他第1、第3方格的也需要做短板提升。虽然他们胜任岗位的要求，但是也会有短板。我们需要从胜任力评估报告中识别他们的能力短板或行为评估的弱项，使其进行针对性的改进。

卢老师

马清波

这就是卢老师在第一本书《其实，绩效管理并不难》中讲到的PDI（Performance Development Interview，绩效发展面谈）的流程吧？

是的。很多大单位在每年考核或人才盘点结束后，都要启动PDI流程，根据员工的短板制定IDP（Individual Development Plan，个人发展计划），里面会有详细的课程培训、岗位实践、轮岗、行动学习等举措。这些计划一般会定期进行回顾和调整。

卢老师

冯莉莉

嗯，这个流程非常好！通过人才盘点对干部和员工进行精准分类，根据分类结果，针对性地进行人岗适配调整。这个过程再辅之以PDI改进流程，改进员工短板，使得人和岗始终处于最好的状态。非常棒！

员工调动原部门不放人怎么办?

马清波

卢老师，为了更好地进行人岗适配，有些单位搞了一个内部人才市场，可以介绍一下相关经验吗?

卢老师

好的。现在一些单位为提高人力资源利用效率，纷纷成立了内部人才市场，有些单位也称为“活水计划”。其目的就是让人与岗更好的匹配！这里有两类流程，一类是“岗位找员工”，另一类是“员工找岗位”。第一类比较常规，需要招聘人的部门在内部人才市场挂出岗位，内部员工看到后可以提出申请，用人部门面试考察通过后，跟原有部门负责人沟通，办理内部调动手续。

马清波

如果原部门不放人怎么办？我们人力资源部经常遇到这种扯皮的事情！

冯莉莉

我们银行也有这种情况，甚至有的部门领导“大家长”意识浓厚，认为这样的员工是背叛，不仅不放人，还给员工穿小鞋，工作安排、考核、奖励让员工很不爽，关系闹得很僵，最后逼得员工离职！

秦晓芳

这有点过分了吧！员工又不是部门负责人的私有财产，是单位的公有资产。

孙鹏程

哎，这种事情我们也见得不少，有人的地方就有江湖嘛！

秦晓芳

那人力资源部门要介入协调吧?

马清波

当然。员工有申诉，我们肯定要进行协调，但有的时候也会协调不通，毕竟我们人力资源部门和这些部门都是平级部门，最后就会到公司分管领导，甚至到主要领导那里去协调。

卢老师

嗯，这些问题确实存在，所以很多单位成立了内部人才市场，并有配套的文件制度。比如说刚才大家提到的情况，原部门不放人，员工强烈要求调动，且人力资源部门协调无果，这时候按照文件机制给双方一周的冷静期后，员工可以自行到内部人才市场“挂牌”，新的用人部门可以选择该员工并完成调动手续。

马清波

呵呵，这有点像球员转会！

冯莉莉

嗯，这样很好！相当于员工不是直接调动到新部门，而是通过内部人才市场周转一下，避免了直接的矛盾。

秦晓芳

这样一来，原部门强留就行不通了，还不如跟员工好好沟通一下，以情留人、以理服人。

马清波

如果员工没有找到新部门，就是想离开现有岗位，可以主动到内部人才市场挂牌吗？

卢老师

当然可以。首先部门要同意且要做好工作交接，人力资源部参与沟通协调后可以到内部人才市场挂牌。

马清波

这里也带来一个新问题，如果员工很任性，动不动就三动申请到内部人才市场挂牌，这样是否会让现在的部门负责人不好管、也不敢管呀？

卢老师

首先，员工到内部人才市场，相当于是在待岗状态，通常是没有绩效奖金的，所以经济上员工不能太任性；其次，一个员工如果是内部人才市场的常客，估计以后也没有其他部门敢要了。用人部门会想：这个人和这么多部门都不匹配，估计和我们也不匹配吧！所以员工也要考虑自己的职业信誉。

冯莉莉

嗯。我很赞同卢老师的意见。一个员工第一次去内部人才市场“挂牌”，可能有部门的问题，也有员工的问题，但是一而再、再而三地去内部人才市场“挂牌”，我作为用人部门负责人心里肯定是要打鼓的！更何况在公司内部做背景调查比在外部容易得多，稍微一打听，这人的能力、业绩、工作态度就很容易掌握了。

秦晓芳

如果一个员工在内部人才市场一直没有找到工作，怎么办？

卢老师

人力资源部门要提供一些待岗培训和职业生涯指导，并推荐到一些有用人需求的部门进行面试。如果这些都没有效果，单位就可以启动员工离职流程。

秦晓芳

但是像我们这些事业单位，没有很好的员工退出机制怎么办？

孙鹏程

那就是卢老师前面说的，启动“冰箱计划”啦！

马清波

如果部门要招聘人，是否要先到内部人才市场挂出招聘需求？

卢老师

这是必需的。先内后外，这是基本的原则，除非是内部没有供给的人才。我们要尽最大可能让单位的人力资源效能最大化，让人岗适配得最好。

冯莉莉

确实如此！人力资源成本现在越来越高，提高人力资源的使用效能不仅要研究人力资源的投入问题，更需要研究人岗适配、人尽其才的问题，让人力资源发挥更大的效能。感谢卢老师的精心辅导！

卢老师

不客气，希望对大家工作有帮助！

马清波

各位朋友好，岗位管理主题辅导会到这里全部结束了！我们公司旗下的糖心俱乐部专门为大家安排了一场晚宴，请大家移步餐厅。

（辅导会全部结束。）

【读书笔记】

- 提高人均效能的策略包括减少人力资源投入和增加业务产出，人力资源部门可以通过考核激励手段以及提高人岗匹配来间接提高人均效能。
- 岗位胜任力模型的构建有两种方法：

  ✓一是基于能力构建，通过比较绩优员工和普通员工的差异来构建能力要素和等级；

  ✓二是基于行为构建，使用STAR方法，提炼关键场景、任务、行动和成果。基于行为的构建更加客观有效，还可作为员工能力发展的行为指引。
- 人岗适配性的评估要对照岗位胜任力模型，对候选人的知识、能力和才干特征进行评估，两者越匹配，人岗适配性越高。
- 人才盘点是对现有在岗员工人岗适配度的评估，通过业绩和胜任力两个维度对员工进行评估，并将员工放到不同网格（效能方格）进行分类管理，采取针对性的行动，如岗位调整、人才培养和发展等。
- 人才盘点结果的应用

  ✓对于高业绩、高胜任的员工：应考虑提拔或重点培养；

  ✓对于低业绩、低胜任的员工：考虑调整岗位或进行末位淘汰；

  ✓对于低业绩、高胜任的员工：给予更多机会并进行绩效辅导；

  ✓对于高业绩、低胜任的员工：进行针对性培训以提升其胜任力。
- 内部人才市场作为提高人力资源利用效率的一种方式，允许员工在内部寻找更匹配的岗位。如果原部门不放人，员工可以经过一定程序后在内部人才市场“挂牌”，由其他部门选择实现岗位调动和人岗匹配。

后 记

故事导入

卢老师和与会者移步到糖人通讯公司的客户接待餐厅。糖心俱乐部为大家准备了丰盛的晚宴。糖人通讯公司的副总经理王亚洲、大客户部经理李一飞也来到现场，出席答谢宴会。

糖人通讯公司的人力资源部经理马清波担任宴会主持人……

马清波

各位朋友，晚上好！我们糖心俱乐部关于岗位管理的辅导会到今天就全部结束啦！首先特别感谢人力资源实战派专家卢锐军老师给我们带来的三场精心辅导，相信大家跟我一样，受益非常非常多！通过这三场辅导，让我们对如何做好定岗定编、如何提高组织的人均效能水平、如何激活干部和员工的积极性、如何最大化地提升人力资源效能有了非常好的认知，也让我们明确了未来改进的方向，非常感谢卢老师！下面请卢老师致辞，掌声欢迎！

卢老师

谢谢马经理！尊敬的王亚洲副总经理、李一飞经理、各位朋友，晚上好！首先，特别感谢糖人通讯和糖心俱乐部提供了一个非常好的交流平台，让我结识了很多朋友，也让我在人力资源管理方面的实践和经验总结有了更广泛的分享平台。其次，特别感谢参与分享会的企事业单位的人力资源同行们，教学相长。大家的问题促使我不断思考、大家的期待帮助我不断总结。辅导会虽然结束，但是学习永远都在进行时，大家相聚在一起是一种缘分，以后保持联系和交流。谢谢大家！

马清波

谢谢卢老师致辞！下面我们有请城商银行总行人力资源部总经理冯莉莉作为会员代表发言。掌声有请！

冯莉莉

谢谢！尊敬的王总、卢老师、各位朋友，晚上好！很高兴作为会员代表发言。今年我参加了糖心俱乐部举办的两期辅导会，上半年是薪酬分配的主题，下半年是岗位管理的主题，真的是非常受益。做人力资源我是半路出家，以前在支行做业务时，知道人力资源很重要，但是体会不深。后来到总行做人力资源部总经理几年后，才发现人力资源专业性非常强。以前靠着感觉在走，摸着石头过河，还经常踩坑。参加了卢老师的两期辅导会，读了卢老师的两本书，让我豁然开朗，原来人力资源管理既是一门科学，也是一门艺术。所以非常感谢卢老师的精心辅导，后续我们也要请卢老师给我们银行的领导和干部做培训和辅导。最后特别感谢糖人通讯和糖心俱乐部提供了一个这么好的交流平台，找了这么好的老师。后续俱乐部的分享活动，我一定会积极参与。

马清波

谢谢冯总！冯总是我们两期辅导会的优秀学员，每场辅导会都没有缺席，并且积极参与互动并贡献自己的真知灼见。希望冯总常回家看看！下面请糖人通讯副总经理王亚洲致辞！掌声有请王总！

王亚洲

谢谢大家！尊敬的卢老师、各位同人，大家晚上好！今天是一次人力资源的盛会，卢老师的辅导也是一场人力资源知识的盛宴！我认识卢老师，源于三年前参加卢老师的《中国式绩效管理》公开课，让我非常受益！我当时感觉卢老师课上讲的很多问题点，就如同我们公司昨天发生的事情，几乎一模一样。后来我跟人力资源部马经理策划，如何帮助我们公司的中层经理们去提升绩效管理的认识和技能水平，于是去年策划针对中层干部的绩效管理主题的辅导会，效果完全超出了预期，我们公司现在的绩效管理文化和实务有了质的飞跃。后来大客户部李一飞经理给公司提议，能否将卢老师的辅导扩大到我们的大客户。毕竟人力资源管理问题很多是共性的，好东西我们不能藏着掖着。在卢老师的支持下，我们今年策划两个主题的辅导会，邀请我们的大客户相关领导一起来参与，效果大家是有目共睹的。与我们的客户一起成长，是我们糖人通讯的核心价值观。我们糖心俱乐部会坚持举办分享沙龙，欢迎大家积极参与，也欢迎卢老师再来分享！谢谢！

马清波 感谢王总致辞！最后请我们分享会的总策划人、糖人通讯大客户部经理李一飞作总结发言，掌声有请！

李一飞 谢谢！尊敬的卢老师、王总、各位朋友，晚上好！我今天发言不是总结哈，主要是感谢和表态。首先特别感谢卢老师，您的精心辅导不仅帮助了我个人，也给我们的客户带来了成长价值；其次感谢我们俱乐部会员的积极参与，你们的期待是我们做好工作的原动力；最后还要感谢王总和马清波经理。公司的领导支持和人力资源部的专业运营，让我们这两期辅导活动圆满落下帷幕，你们是我们大客户部工作的坚强后盾。最后表个态，王总已经对我们糖心俱乐部的工作提出了要求，我们会坚持贯彻执行，将糖心俱乐部的分享活动坚持办好、再上一个台阶。请大家积极参与，也欢迎卢老师再来分享！

马清波 谢谢李经理热情洋溢的发言！一下午的学习，精神食粮很丰富，估计大家也饥肠辘辘了，我们开始补充物质食粮吧。下面我提议，让我们共同举杯，感谢卢老师的辅导，也感谢我们自己的勤奋好学。一起为知识干杯！

（宴会正式开始……）

天下没有不散的宴席！

卢老师在糖人通讯三个主题的辅导会到这里全部结束，卢老师中国式绩效管理系列丛书三部曲至此也画上了圆满的句号。

在这场丰富多彩的人力资源管理之旅上，我们一起分享、一起聆听、一起探寻、一起成长。

感谢读者五年的陪伴，我们共同领悟了管理的智慧与技巧，愿我们所收获的知识与经验，在未来的道路上给我们启发和指导，为我们铺就坚实的基石。

三部曲的完结并非终点，而是新的起点。人力资源管理充满了智慧，愿我们的共鸣和探索永不止步。

感恩与祝福！江湖再见！

（全剧终）

"中国式
绩效管理
系列丛书"
读者交流圈

感谢您阅读本书!

为方便与读者进一步交流，作者特意创建了"中国式绩效管理系列丛书"读者交流圈。加入圈子，您可以获得如下权益：

- **加入微信群**
  我们按照行业和地域两个属性建立读者微信交流群。群中您可以与作者交流、与群友分享，认识更多朋友。

- **参加线下公开课**
  作者每年在全国主要城市有十余场线下公开课，圈友报名参加可享受九折优惠权益。

- **参加线下管理沙龙**
  作者每年在全国主要城市有线下沙龙或签名售书会，圈友可以免费参加。

- **收看线上直播和微课**
  作者不定期有线上直播或微课，开课信息将通过圈子微信群或微信公众号【HR易】发送。

- **阅读最新文章和下载管理资料**
  作者在微信公众号【HR易】发布最新管理文章、上传课件资料，欢迎阅读和下载。

加入圈子步骤

1. 请扫码加微信，并备注：实名+单位+省市+行业；
2. 作者邀请加入微信群。

分享 学习 成长